창업과 경영
31가지 이야기

상상

머리말

최근 2년여 이상의 코로나19 어려운 경제 상황에도 스타트업의 창업 열기는 대단합니다. 온라인 플랫폼을 적용한 창업 성공 사례가 늘고 있으며 창업환경도 예전보다 좋아져 정부의 예산은 해마다 증가하고 있습니다.

창업 인재 양성 프로그램인 청년창업사관학교도 역대 규모로 선발하기로 했으며 유망 창업기업을 민간과 정부가 공동 발굴해 육성하는 사업인 팁스(TIPS)도 창업기업을 지원하고 있습니다.
최근엔 중기부가 '비대면 스타트업 육성 사업'에 참여를 희망하는 창업기업을 모집한다는 공고에 5천여 이상의 회사가 신청했습니다. 그야말로 창업의 열기는 뜨겁습니다.
정부 분야별 주관기관을 통해 창업기업을 선발해 기업당 최대 1억 5천만 원의 사업화 자금과 기술, 판로, 인증 등 특화 프로그램을 지원합니다.

2021년, 중소벤처기업부에 따르면, 작년 전체 창업은 141만 8,000개로 나타났습니다. 업종별로 보면 도소매업은 온라인 쇼핑 활성화 영향으로 증가했고 특히, 온라인, 비대면화로 인해 정보통신업, 전문과학기술업 등이 늘어났습니다.

연령대별로는 청년층 창업이 두드러졌고 부동산업 제외 시 모든 연령대에서 창업이 증가했고, 법인과 개인 창업은 금융보험업, 전문·과학·기술업, 정보통신업 등의 업종에서 증가했습니다.

한편 '최근 5년간 희망리턴패키지 사업 현황'에 따르면, 2020년 희망리턴패키지 중 폐업지원을 받은 사례는 총 2만 5,410건으로 집계됐습니다. 이는 2017년 2,918건 대비 8.7배 급증한 수치입니다.

위의 내용에서 보는 바와 같이 창업 열기는 뜨겁지만 창업 이후 살아남고 성장하기란 쉽지가 않습니다.
필자도 과거에 실패를 경험하고 가족과 주변 사람을 힘들고 안따깝게 한 쓰라린 경험이 있어 글을 쓰는 내내 주제별로 의미를 부여하려고 노력했습니다.

이 책의 구성은 창업 이야기와 경영 이야기로 나누어 31가지 핵심적 주제를 다루었고 한 줄 메시지는 저자가 꼭 하고 싶은 이야기이므로 두세 번 읽어보면 도움이 될 것입니다. 주제별 상단에 한 줄로 용어를 정리하여 의미를 이해하는 기초가 될 것입니다.
추가로 기업경영에 도움이 되는 저자의 노하우 8가지를 다음과 같은 제목으로 부록에 담았습니다.

1. 기업의 성장단계별 계획
2. 정책자금의 주요평가요소
3. 기업의 신용분석
4. 법인설립 준비
5. 주식회사의 주주총회, 이사회
6. 스타트업의 지분플랜
7. 기업의 안정성지표
8. 법인사업자의 비용처리

아울러, 머리를 식히는 의미로 명언도 넣어 쉬었다 가면 좋고, 부록에 '사업일지'와 '기업경영자가 알아야 할 10가지'를 덤으로 올렸으니 활용해보시기 바랍니다. 사업일지는 저자가 매일 작성하고 지난 작성본도 들여다 보면서 다음날, 다음 달, 미래를 설계하는 데 활용하고 있습니다.
또한 이 책은 창업에 도전하고자 하는 뜻이 있는 분들과 현재 사업을 막 시작한 초기 1~3년된 중소기업과 소상공인 경영자가 읽으면 도움이 될 거라고 믿습니다. 또, 주변에 창업과 경영에 애로사항을 느끼시는 분께 권해주시면 좋을 것입니다.

끝으로 이 책을 만드는 데 수고해주신 상상아이앤씨 대표님과 '추천의 글'에 기꺼이 응해주신 여러분께 감사의 인사 올립니다.

늘 변함없이 지지하고 응원해주는 친구들과 선후배, 형제, 처남에게도 고마움을 표합니다.

특히, 스무 해 이상 함께한 아내와 대견한 아들 우주에게 사랑한다는 말 전합니다. 그리고 멀리 울산에 홀로 계시는 어머니와 경남 진주에 계시는 아버님 어머님 두분께도 감사드립니다.

2022년, 초여름에 이지훈 씀

추천의 글

한국경영기술지도사회가 작년 4월에 국가자격사 법정단체로 새롭게 출범했습니다.

지도사회의 숙원인 '경영지도사 및 기술지도사에 관한 법률(지도사법)'이 시행되었고 독립법으로 격상되어 변호사, 공인회계사, 세무사 등과 같이 법률체계가 마련되었습니다.

이번 지도사법 시행으로 지도사회는 중소기업과 소상공인의 전문적이고 종합적인 진단지도 제도 확대와 자격 체계의 정립과 함께 품질을 높이고 지도법인의 전문성에 대한 신뢰 기반이 마련되고 있습니다.

코로나19로 많은 기업과 경영자가 힘든 시기를 보내고 있는 가운데 이지훈 경영지도사가 철저한 기업진단을 통해 문제를 해결할 것으로 기대하며 열심히 활동하기를 격려와 응원합니다.

한국경영기술지도사회 회장 김오연

중소벤처기업부 소속 16개 지방중소벤처기업청은 창업·벤처기업과 소상공인·자영업자가 일자리 창출과 혁신성장의 주역이 되고 경제성장의 중심이 될 수 있도록 창업, R&D, 수출, 자금 등을 지원하고 있습니다.

아울러, 중소벤처기업과 소상공인들이 우리 경제의 튼튼한 뿌리가 되고 새로운 미래를 열어갈 수 있도록 글로벌 기업으로의 성장을 지원하고 있습니다.

특히 창업·벤처기업의 사업화와 성공률을 높이고 한걸음 성장할 수 있도록 지원하고 있습니다.

이지훈 저자는 오랜 경험과 축적된 노하우로 경영컨설팅, 창업 부문에서 괄목할 만한 성과를 보여주고 있는 경영컨설턴트로 코로나 19의 확산으로 어려움이 가중되는 가운데 창업을 준비 중인 예비창업자와 초보 경영자들이 읽으면 도움 될 만한 실용적인 지침서의 출간을 축하합니다.

전, 인천지방중소벤처기업청장 이상철

저자가 과거 현대백화점에 근무했을 때 받은 인상은 근면 성실하고 어느 정도 장래가 보장되는 후배로 기억됩니다.

어느 날, 주변의 반대에도 불구하고 안정적인 대기업을 그만두고 창업한다는 말을 듣고 놀랐습니다,

대기업과 중소기업에서의 직장 경험, 그리고 개인기업과 법인기업을 직접 경영한 사람으로서 중소기업의 현실을 누구보다 잘 이해할 것으로 봅니다. 은퇴하거나 퇴직하고 창업을 준비하는 많은 분에게 용기와 실패를 줄일 수 있는 도움 될 만한 책으로 확신합니다.

전, 현대백화점 사장 박동운

서울상공회소 광진구상공회는 관내 상공업계를 대표하여 중소상공인들의 권익을 대변하고 경영활동을 지원하며 중소상공인들의 사회적 경제적 지위 향상에 목적을 두고 설립되었습니다.

주요 사업은 중소상공인의 역량강화 교육 및 학습지원, 지식정보 교류 등을 위한 휴먼네트워크 구축, 중소상공인들의 경영애로 해소 및 무료 경영상담 사업, 지역경제 활성화 사업 등을 하고 있습니다.

코로나 19로 최악의 경영 환경과 코로나 방역의 최전선에서 몸과 마음이 지쳐 어렵고 혼란스러운 나날을 보내고 있는 중소상공인 여러분들 힘내시라고 응원합니다.

이지훈 경영지도사는 경영상담역으로 지역과 회원을 위한 창업 경영 상담 서비스를 하고 있고 상공회 임원으로 활동하는 분입니다. 실무 경험이 많아 중소상공인 대표님에게 필독을 추천드립니다.

서울상공회의소 광진구상공회 회장 손영진

2019년 말부터 시작된 코로나로 인해 우리 생활은 많은 어려움과 변화를 겪기도 하였지만, 2020년을 기준으로 창업기업이 150만 개에 육박하는 등 역대 최대치를 기록하고 있어 창업에 대한 관심은 어느 때보다도 뜨겁다고 할 수 있습니다.

이런 시기에 이지훈 대표님의 '도전과 창업, 창업과 경영 이야기'는 그동안의 경영과 창업 컨설팅을 노하우로 초보 사업자들이 꼭 알아야 할 필수내용에 대해 군더더기 없이 깔끔하게 서술한 창업서입니다.

특히 창업을 위해 반드시 체크해야 할 사항이나, 경영을 위해 누구나 중요하다고 생각은 하지만 간과할 수 있는 여러 사항에 대해 알기 쉽게 설명된 이 책은 학생을 가르치는 교수자 입장에서도 다시 한번 읽어보게 됩니다. 창업을 하셨거나 준비를 하고 계신 분들 또는 소상공인들이라면 꼭 한번 읽어봐야 할 필수서라고 생각합니다.

몇 년전 이미 경영에 대해 전문가로서 어느 누구 못지않은 실력을 갖추고 계심에도 불구하고, 끊임없이 도전하고 스스로 커리어를 만들어나가는 이지훈 대표님을 '학생'으로 만나 여러 해가 지났지만, 늘 한결같이 자신을 위해 투자하고 노력하는 모습에 찬사를 보냅니다.

앞으로도 그동안의 경험을 바탕으로 소상공인들이나 창업자들이 유용하게 활용할 수 있는 좋은 저서 부탁드립니다.

경희사이버대학교 교수 권해숙

요즘처럼 '창업과 지속성장'이 사회적 이슈가 된 적이 있을까 생각이 들 정도로 위 두 가지의 화두는 최근 언론의 경제 헤드라인을 장식하고 있습니다.

경영지도사인 저자는 자신이 직접 창업에 뛰어들어 몸소 현장을 경험하였으며, 해당 분야에서 누구보다 해박한 지식과 노하우를 갖추어 그동안 많은 창업 고객들로부터 찬사와 고마움을 받아왔음을 추천인은 바로 옆에서 목도하였습니다.

이번 이지훈 경영지도사의 '도전과 성공, 창업과 경영 이야기'는 저자 본인의 이론과 실무의 정수만을 뽑아 낸 것으로 반드시 우리 사회에 도움이 되는 기록물로 자리 매김할 것으로 추천인은 확신하는 바입니다.

이태세무사사무소 세무사 이형석

목차

창업이야기

01. 창업에 성공하려면 무엇을 갖추어야 하나? *16*
02. 창업의 절차 어떻게 하면 될까? *20*
03. 사업아이템 어떤게 좋을까? *25*
04. 창업자금 얼마면 될까? *32*
05. 사업계획서 어떻게 작성해야 할까? *38*
06. 회사설립은 어떻게 할까? *43*
07. 공장 설립하기 *48*
08. 기술기반 창업이 성공확률 높다. *53*
09. 4050 은퇴 창업, 정부 지원사업을 확인하라 *58*
10. 언제 어디서 어떻게 창업하면 좋을까? *63*

경영이야기

11. 우리나라 중소기업 현황과 경영성적은 어떠한가? *72*
12. 위기 극복과 사업실패를 이겨내는 방법 *76*
13. 정부지원사업 중 R&D 지원사업 *82*
14. 정부지원사업 중 인건비, 수출, 특허 지원사업 etc. *88*
15. 투자금 조달에 대해 알아보기 *93*
16. 엔젤투자와 벤처캐피탈에 대해 좀 더 알아보자 *99*
17. 개인사업자가 법인전환하면 좋을까 *105*

18. 회계는 볼 줄 알아야 한다.	*110*
19. 재무제표에 대해 알아보기	*115*
20. 세금은 경영의 필수	*127*
21. 마케팅전략은 디지털시대에 맞게	*134*
22. 기업에서 받아야 할 인증 4가지	*139*
23. 조직관리 할 수 있을 때까지 살아남기	*144*
24. 정책자금을 받으려면	*148*
25. 보증기관 알아보기	*154*
26. 대표이사의 리스크, 해결하기	*158*
27. 기업과 대표이사(주주) 모두의 리스크, 해결하기	*163*
28. 법인, 정관의 중요성을 명심하자	*167*
29. 채권관리와 회수, 철저히 하자	*172*
30. 노무사 자문계약 해야 할까	*177*
31. 경영지도사는 어떤 일을 하는가?	*181*

부록

실무사례	*186*
기업경영자가 알아야 할 10가지	*192*
사업일지	*194*
기업경영에 도움이 되는 8가지	*196*

창업이야기

01. 창업에 성공하려면 무엇을 갖추어야 하나?
02. 창업의 절차 어떻게 하면 될까?
03. 사업아이템 어떤게 좋을까?
04. 창업자금 얼마면 될까?
05. 사업계획서 어떻게 작성해야 할까?
06. 회사설립은 어떻게 할까?
07. 공장 설립하기
08. 기술기반 창업이 성공확률 높다.
09. 4050 은퇴 창업, 정부 지원사업을 확인하라
10. 언제 어디서 어떻게 창업하면 좋을까?

창업에 성공하려면 무엇을 갖추어야 하나?

우리는 성공에서보다도 실패로부터 많은 지혜를 배운다.
한번도 실수하지 않는 사람은 한번도 발견하지 못한 사람이다.
사무엘 스마일즈

> 용어 정의
> **[창업]** 사업을 처음으로 시작하는 것. 사업의 기초를 세우는 것.

01. 창업에 성공하려면 무엇을 갖추어야 하나?

창업가의 정신은 매우 중요하다고 생각하고 합니다. 우리가 흔히 얘기하는 기업가 정신에 대해 여러 경영학 서적에서 소개하고 어려운 말도 나오는데 그걸 간단하게 압축하면 "사업을 하면 망할 수 있고 그걸 이겨내는 것이다." 로 요약하고 싶습니다.

기업가 정신

사업을 하면 "성공한다"와 "망할 수 있다"를 동시에 생각해야 합니다. 이 두 가지를 동시에 생각하는 것이 중요합니다. 실제로 창업 후 3년 이내의 기업은 80% 이상이 폐업하고 살아남은 약 20%의 기업은 그로부터 2년 즉, 5년이 경과하는 시점에는 5%도 채 남지 않는다고 합니다. 결국, 창업하고 살아남을 확률은 5% 정도에 불과합니다.

그래서 한마디로 얘기하면 "거의 다 망한다." 왜 망하는지에 대해 현장 경험을 통해서 느낀 점은 첫째, "낙관적 전망으로 시작했기 때문"에 둘째, "안일한 정신으로 시작했기 때문"에 셋째, 결국은 "자금이 부족해서" 입니다.

창업의 성공 요소

우리가 흔히 창업의 성공 요소는 무엇이다. 라고 '이렇다 저렇다'라고 하지만 핵심은 정신력이고 준비가 덜 돼 있어서 라고 할 수 있습니다.

그래서 사업을 성공하려면 성공한다는 "강한 신념과 망할지도 모른다는 생각을 동시에 해야 합니다." 두 번째, "망하면 다시 일어난다."라고 생각해야 됩니다. 망하면 나는 사업을 하면 안되나 보다가 아니라 다시 시작하고 일어서야 합니다. 이때 곧바로 시작하지 말고 자기를 좀 다독인 다음에 시작해야 합니다.

팁을 드린다면 창업에 성공하고 사업에 성공하는 분들은 사업가적 유전자(DNA)가 있습니다. 사업가적 DNA란 부모로부터 받은 사업 환경 즉, 부모세대가 사업을 하여 이를 경험한 창업자와 사업경험이 없어 사업에 대한 간접경험 없이 출발한 창업자와는 다른 유전자가 있습니다.

부모님의 사업을 보고 자란 자녀는 불안정한 경영과 집안 환경을 간접 체험합니다. 반면에 부모님이 직장인의 경우 고정적인 급여를 받는 생활 환경에서의 경험은 어린 시절부터 출발이 다릅니다. 사업하는 부모를 통해 잘 되다가도 안 되고 힘들어서 월세방까지 들어가는 최악의 상황을 경험하기도 합니다. 그러한 경험이 창업에 큰 힘이 된다고 볼 수 있습니다. 그래서 제가 중요하게 생각하는 것은 창업가의 정신자세에 있어서 실패할 수도 있다는 마음을 갖는 DNA가 창업자를 좀 더 성공할 확률을 높여줄 것이라고 확신합니다.

창업 성공의 가장 중요한 요소는 창업가의 정신무장과 사업 유전자를 갖추고 있는가? 를 점검해야 합니다.

창업이야기

02

창업의 절차
어떻게 하면 될까?

*기쁨을 주는 사람만이
더 많은 기쁨을 즐길 수 있다*
알렉산더 듀마

용어 정의
[창업절차] 새롭게 사업을 시작할 때 거치는 기본적인 순서

02. 창업의 절차 어떻게 하면 될까?

창업절차에 대해 살펴보겠습니다. 순서를 나열하면 첫째, 창업자가 사업에 적합한지 자기 스스로 "창업 자가진단" 이 필요합니다. 둘째, "사업 아이템 찾기" 셋째, 그 사업이 타당한지를 검토하는 "타당성 검토" 넷째, "시장 환경 파악"으로 창업의 전반적인 환경을 파악하는 게 중요합니다.

위의 4가지 단계가 준비됐다면 다섯째, 혼자 할 것인지 팀으로 할 건지 조직을 계획하고 결정합니다. 여섯째, "사업 계획서"를 작성해 보는 단계로 진행합니다. 여기까지가 준비 6단계라고 할 수 있고 이렇게 준비단계가 충실히 진행되면 실행 단계로 들어가면 됩니다.

창업이란? "사업을 하고 싶다"라고 마음먹고 회사를 설립하는 것이 창업이라고 정의할 수 있습니다. 창업은 처음 시작하는 사업입니다. 사업을 두 번째로 동일한 업종을 계속하면 창업이라고 보지 않고 새로운 업종은 창업이라고 보기는 하는데 일반적으로 사업을 처음하거나 새로운 업종으로 시작하면 창업이라고 합니다.

사업의 타당성을 보는 것이 중요

위에 언급한 다양한 절차 중에서 중요한 요소를 짚어 보면 "이 사업이 정말 타당한지"를 보는 게 중요합니다. 사업 타당성은 결론적으로 사업을 했을 때 "돈이 되고 이윤이 남느냐"를 살피는 것입니다.
돈이 되고 이윤이 남으려면 시장성과 사업성이 있어야 하고 이를 볼 수 있는 눈이 필요하다고 생각합니다. 아무리 좋은 기술이고 우수한 제품이라도 시장의 수요가 없거나 사업성이 없다면 무용지물입니다.

매출이 발생하지 않으면 사업은 어려워집니다. 시장 상황과 환경을 짧은 시간에 파악하기는 어렵습니다. 특히 창업 초보에게는 쉽지 않은 문제죠. 이런 복잡하고 어려운 부분은 인터넷에서 얻으려고 하지 말고 창업과 경영의 전문가인 경영지도사에게 상담을 받아보는 게 좋습니다. 창업자가 시장환경분석을 거시적·미시적으로 풀어내는 것은 너무 막연하고 어려워 사업을 시작도 하기 전에 오리무중이 됩니다. 철저한 창업준비로 임해야 합니다.

사업체를 가동할 능력이 되는가를 점검하라!

전문가와의 사업성 검토과정은 과연 사업성이 있고 시장에서 수요가 있는가를 보는 것입니다. 그다음 정작 본인이 가동할 수 있는 능력이 되느냐가 중요합니다. 사업운영을 직원에 의존하지 않고 창업자 스스로 처리할 수 있는 능력이 있는지 기술이든 영업이든 할 수 있는 능력이 있어야 합니다.

혼자 할 것인가?

혼자 아니면 둘 이상으로 할지 고민하세요? 결론부터 말씀드립니다. 처음에는 나홀로 시작해야 합니다. 처음부터 두세 명 또는 그 이상으로 시작하는 사람도 있습니다. 결국, 자금 부족으로 대부분 무너집니다.

수입이 확실하지 않은 상태에서 회사를 끌고 간다는 게 상당히 어렵습니다. 초기에 자본금이 한정돼 있다 보니 6개월 이상을 못 버티는 경우가 허다합니다. 그러니까 처음에는 최소 서너달이라도 혼자 하는 게 중요합니다. 한 달 두 달 서너 달 해보면 월평균 어느 정도 비용이 나가고 수입이 발생해야 하는지 보입니다. 그런 사이클이 축적되고 경험이 쌓일 때 어느 시점에 '사람 한 명이 필요하네' 라는 판단이 서면 한 명씩 채용하는 게 좋습니다. 절대 서두를 이유가 없습니다.

"우보천리(牛步千里) 마보십리(馬步十里)" 들어보셨나요? 말처럼 빨리 달리면 십리밖에 못 가지만 소처럼 우직하게 걸어가면 천리를 간다는 얘기입니다. 급하게 갈 이유가 없습니다. 오늘 다 벌 것 같나요? 돈 그렇게 못 법니다. 그래서 하나하나 견실하게 하는 게 중요합니다.

> 사업 절차 중 첫째는 이 사업이 돈이 되느냐고 두 번째는 혼자 할지 누구와 할지를 고민하고 창업자 본인 스스로 핵심 인력이 되어야 하며 능력과 기술이 있어야 합니다. 절대 직원에 의존해서는 안됩니다.

참업이야기

사업아이템 어떤게 좋을까?

타인을 행복하게 하는 것은 향수를 뿌리는 것과 같다.
뿌릴 때 나에게도 몇 방울 묻는다.
벤저민 디즈레일리

> 용어 정의
> **[사업아이템]** 사업자가 고객에게 제공하는 제품 및 서비스의 속성을 의미

03. 사업아이템 어떤게 좋을까?

"어떤 아이템으로 창업하면 좋을까요?" 라는 질문을 많이 받습니다. 저는 본인이 잘하는 아이템을 해야하고 창업자가 잘하는 아이템과 사람들이 필요로 하는 아이템이 결합했을 때 분명히 시너지가 발휘될 수 있습니다.

사업 아이템의 선택

사업 아이템의 선택은 본인이 잘하는 아이템이거나 세상이 필요로 하는 아이템에서 결정하게 됩니다. 본인이 잘하는 아이템으로 결정하는 경우는 그동안의 패턴에 따라 하게 되고 소비자가 필요로 하는 아이템을 하다 보면 사업경험을 축적하게 됩니다.

첫째, 본인이 잘하는 아이템의 경우에는 당연히 그 경험과 남다른 노하우가 준비되어 있습니다. 하지만 조심해야 할 부분은 자기만족 내지는 자기가 그 속에 빠져있기 때문에 시장을 못 보는 단점이 있습니다. 어떤 시장에 소비자가 있는지, 시장 환경변화에 대처하지 못하는 경우가 많습니다.

둘째, 세상이 필요로 하는 아이템을 사업 아이템으로 선정할 때의 문제입니다. 세상에 필요한 아이템이고 사람들이 많이 필요로 하는 아이템 그걸 과연 잘 해낼 수 있을까요? 실제 창업자 본인과 팀원의 역량이나 능력이 준비되어 있지 않은 경우가 많습니다. 1~ 2년 아까운 시간만 낭비하다가 실패할 확률이 매우 높습니다.

유행 아이템과 유망 아이템 구분

사업 아이템은 두 가지로 나누면 유행 아이템과 유망 아이템으로 구분할 수 있습니다.

유행 아이템은 "요즘 이거 뜬다더라" 와 같은 아이템을 말합니다. 보통 "이거 괜찮을 것 같은데 해보자" 이런 식으로 아이템을 정합니다.

그럼 유망 아이템이란 뭘까요? 유망은 산업과 관련된 거라고 봅니다. 해당 산업의 메가트랜드와 4차 산업혁명에 맞는 그 산업군의 유망한 것. 한마디로 컴퓨터를 기반으로 하는 방식의 혁신과 인공지능을 중심으로 빅데이터 기술, 최신 로봇기술이 합쳐저 근로형태가 혁신적으로 변화하는 것을 말합니다.

결론적으로 말해서 유망 아이템과 유행 아이템 중 내가 선택할 사업의 아이템을 정함에 있어 가장 중요한 것은 본인이 할 수 있는 능력이나 시장을 보는 눈이 있어야 합니다. 그렇지 못하다면 유행, 유망 아무 소용 없습니다.

사업 아이템 선택 방법

그렇다면 실제 아이템 선택의 방법은 어떻게 하면 될까요?

첫째, 본인이 잘하거나 잘 할 줄 아는 아이템을 먼저 열거합니다. 전공 분야이든 어릴 때부터 좋아하는 거든 지금까지 취미로 계속하고 있거나 관심을 갖고 있는 것, 전문적인 분야 들을 열거해 봅니다. 그냥 편하게 적고 나열하면 됩니다.
만약, 회사를 다니고 있는 직장인이라면 주로 해왔던 업무 중 자기가 잘 할 수 있는 것이 해당됩니다.
첫 번째 아이템을 나열하면 보통 10개에서 20개가 나열됩니다.

두번째 단계는 나열한 아이템들을 압축하는 것입니다. 압축할 때는 요즘 세상 트랜드에 맞는지를 검토합니다. 소비자가 찾고 있는 아이템이라면 사업화할 수 있습니다.

세 번째 단계는 타당성 분석입니다. 앞서 시장의 수요를 판단한 아이템은 사업성에 대한 타당성을 분석하게 됩니다. 타당성 분석은 먼저 모니터링을 해야 하는데 혼자 생각해서 인터넷에서 찾지 말고 내가 이런 사업 아이템을 하고 싶은데 어떠냐를 가까운 지인부터 과거 직장 동료까지 질문하고 답을 구하는 것이 좋습니다. 더 좋은 방법은 현재 사업을 하는 사람이면 더 좋습니다. 직접 해당 사업장을 찾아가 나의 생각을 전하고 가능성을 타진하는 것이 좋습니다. 마지막으로는 창업 전문가와 상담하는 것입니다. 전문가라면 시장을 넓게 보고 제대로 이해하는 사람을 말합니다.

지인들보다는 창업 전문가나 사업하는 사람들에게 의견을 구하세요. 이런 사람들은 남다른 안목이 있습니다. "혜안". 즉, 사업에 대한 각종 지식도 중요하겠지만 볼 수 있는 눈이 있어야 합니다. 전문가들은 그런 혜안을 가지고 있습니다.

사업 아이템의 정보 수집

사업 아이템을 자기가 잘한다고 해서 그것을 두리뭉실하게 정리하는 것보다는 아이템이 여러 가지가 나오면 그에 따른 정보 수집에 들어가면 됩니다.

사업 아이템이라는 정보는 어디서 찾게 되나요? 보통, 인터넷을 가장 많이 활용하시겠지만 저는 개인적으로는 언론 매체를 활용하는 걸 추천합니다. 조금 더 공신력이 있다고 봅니다. 인터넷은 수많은 정보의 바다이다 보니 혼란이 야기가 되기도 하고 개인 편향된 부분도 있다고 봅니다. 사업아이템에 대해 좀 더 깊이 알기 위해서는 전문 서적과 잡지를 찾아보고 시장의 과거와 미래가 어떠한지 점검해 보면 좋을 듯 합니다.

마지막으로, 창업 전문가와 상의를 해보는 게 좋습니다.
여기까지 진행했다면 보통 약 10개 내외의 아이템이 생성됩니다. 다음 단계로 압축을 해서 가는 과정이 필요합니다. 서너개로 압축됐다가 최소한 두 개 정도가 남게 됩니다.

그 다음에 시장에 대입해봐야죠. 수요가 있냐가 중요합니다. 시장 수요와 시장의 상황에 맞는지 사업이 정말 타당한지 사업성이 있는지를 검토후, 최종 사업아이템을 결정하면 됩니다.

사업아이템은 지속적인 성장이 가능한지 본인의 경험이 사업으로 연결될 수 있는지 자본규모와도 맞는지를 검토해야 합니다.

창업이야기

창업자금 얼마면 될까?

처음에는 우리가 습관을 만들지만
그다음에는 습관이 우리를 만든다.
존 드라이든

용어 정의
[창업자금] 사업을 처음 시작할 때 들어가는 돈

04. 창업자금 얼마면 될까?

"창업자금은 어떻게 준비하면 될까요?" 궁금하고 민감할 수 있는데요. 창업자금은 둘로 나눌 수 있습니다. 본인이 준비하는 자기 자금과 타인을 통해 조달하는 타인자금으로 구분됩니다.

대부분 본인이 준비하는 자금이 많을 것이고 부모님이나 가족, 친구 등 으로부터 조달할 것입니다. 그리고 은행에 빌려서 시작을 하는 경우가 일반적이죠.

자기자금의 경우 창업자 본인이 그동안 모은 돈이거나 퇴직금이 되겠죠. 예를 들어 40대 초반 남성의 경우 사회생활을 10여년 정도 했다면 5천만 원에서 1억원 사이입니다,

초기 창업자금은 1억원 정도

물론, 업종에 따라서 큰 돈이 드는 경우도 있습니다. 통상 5천만원에서 1억원 정도로 준비하여 시작하는데 창업자금을 잘 조달하면 사업을 안정적으로 할 수 있습니다. 자금이 부족하면 돈에 쫓깁니다.

창업 준비자금을 최소한 일년 치는 갖고 시작해야 합니다. 1년 동안 한 푼 못 벌어도 고정적으로 임대료와 운영비, 직원 월급 또는 본인의 급여가 1년간 보장되어야 합니다.

예를 들어 계산해보겠습니다. 소형 사무실 기준으로 월임대료 100만원, 1년이면 1,200만원, 관리비 포함하면 1,500만원이 될 것입니다.

창업초기 특성상 급여는 최소 200만원이라고 하고 1년이면 2,400만원

입니다.

그 다음에 직원 한 명 정도 중간에 생길 수가 있겠죠. 직원이 한 명 내지 2명 이니까 최소한 1년 차에는 한 명으로 최소화해서 3,000만원에서 3,500만원이 적당하겠네요. 합하면 대략 7,500만원 정도 되네요. 아무것도 안 썼는데 그 정도 지출됩니다. 여러 가지 판매관리비 등 고정비가 2,000만원 정도의 경비가 들어간다고 보아야 합니다. 그러면 약 1억원이 예상됩니다.

약 1억원의 창업자금은 1년 동안 적자가 나거나 아무런 수입이 없어도 버틸 수 있는 비용을 말합니다. 그사이에 매출을 발생해서 이익을 만들어야 하는 것입니다. 그러려면 창업자금을 1억원 정도 준비가 되야 하는데 준비가 된 사람도 있고 모자라는 사람들이 있을 것입니다.

공단과 보증기관을 적극 활용

이제 모자라는 부분은 어떻게 준비를 하느냐 그러면 우리나라 창업자의 대부분은 부족한 자금은 은행에 가서 빌리려 합니다. 그런데 은행은 신용과 담보를 요구하고 이자도 높은 편입니다. 은행보다 더 좋은 곳을 알려드릴께요. 소상공인시장진흥공단, 신용보증재단과 신용보증기금을 추천드립니다.

소상공인시장진흥공단은 통상 5인 이하의 소규모의 개인사업자를 대상으로 하고 있고 5인 이상일 경우 법인이라면 중소기업진흥공단 홈페이지에 접속해서 정책자금을 신청하세요.
부지런히 문턱을 두드려야 합니다. 소액일 경우에는 신용보증재단이 좋습니다. 1,000만원에서 5,000만원 규모의 자금 확보에 도움이 됩니다.

창업 초기 기업에 대해서 신용보증기금은 실적이 발생한 이후에 가는 게 좋습니다. 그러니까 1년 경과 후에 방문상담 하는게 좋겠죠. 소상공인시장진흥공단은 창업 초기 기업을 지원하는 기관입니다. 예비 창업기간 보다 1년 뒤에 가는 게 좋습니다.
정리하면 초기에는 신용보증재단으로 가서 최대 5,000만원 정도 정책자금 융자를 받으세요. 장점은 시중은행에 다이렉트로 자금을 빌리는 것보다 이자가 저렴합니다. 법인의 경우에 청년이면 만 39세 이하는 최대 1억까지 중진공 청년전용자금 융자를 받을 수 있습니다.

통상 본인 자금과 타인자금을 합한 것이 사업자금입니다. 본인 자금은 한계가 있잖아요. 타인 자금은 시중 운행보다 정부나 지자체가 운영하는 정책자금기관을 통해서 준비하면 좋습니다.

주식회사는 주식 발행하여 자금 조달

법인의 경우는 개인사업자와 다릅니다. 법인의 경우는 주식을 발행하면 출자금을 모을 수가 있어요. 예를 들어서 내가 1억원 자본금 회사를 만들면 자기 돈은 5,000만원 밖에 없으면 나머지 부족한 5,000만원은 주식 발행으로 가능합니다. 창업자 본인 50% 나머지 20%, 20%, 10%로 하면 2,000만원, 2,000만원, 1,000만원 합해져서 1억원을 만들게 되는 것이죠.

주식회사의 최대 장점은 개인사업자보다 세금을 줄일 수 있고 두 번째는 주식을 발행함으로써 자금을 조달할 수 있다는 점입니다. 세 번째는 투자를 받을 수 있고 M&A나 기업상장까지 갈 수 있는 점입니다. 반대로 개인사업자는 투자를 받기 어렵습니다. 주식이 없어서 제대로 된 투자를 기대하기는 곤란합니다.

운전자금과 시설자금

자금의 형태는 운전자금과 시설자금이 있습니다.

운전자금은 회사를 운영하는 자금 즉, 운영자금입니다. 급여부터 임대료 원재료비 매입비 등에 해당합니다. 시설자금은 건축비, 토지 매입비, 장비구입비 등 입니다. 운전자금이나 시설자금을 용도에 맞게 준비하고 공단과 보증기관에 온오프라인으로 상담을 받기 바랍니다.

> 창업자금은 많을수록 좋은 게 아니고 최소 1년간 버틸 수 있는 자금이 필요하고 창업자 본인이 준비한 자금이 부족하다면 타인자금, 정책자금을 통해 조달해야합니다.

창업이야기

05

사업계획서 어떻게 작성해야 할까?

백 권의 책 보다 하나의 성실한 마음이
사람을 움직이는 힘이 더 클 것이다
벤자민 프랭클린

용어 정의
[사업계획서] 사업에 대해 계획한 내용을 담은 문서

05. 사업계획서 어떻게 작성해야 할까?

사업계획서는 왜 쓸까

사업계획서는 창업자 본인이 계획하는 사업에 대해 전반적으로 정리해 보는 것입니다. 너무 심도 있게 작성하고 페이지 수가 많다면 어렵게 느껴질 것입니다.

어떤 사람은 사업계획서가 쓰기 어려워 창업을 두려워하거나 불편해하는 경우가 종종 있습니다. 사업계획서를 잘 쓰는 사람이 사업을 잘한다고 생각하지 않습니다.

앞장에서 얘기한 대로 사업아이템이 좋아야 하고 아이템을 펼칠 능력이 있는 게 더 중요한 거지 계획서는 종이에 불과할 수도 있습니다. 왜냐하면 대부분의 사업계획서는 사업하는 순간 현실과 맞지 않다는 것을 알아차립니다. 특히 매출, 인원, 마케팅계획 등등에서 확인할 수 있죠.

교과서 형태로 사업계획서를 작성하기 보다는 재무적으로 자금을 조달할 용도이면 효과가 배가 됩니다.

공단이나 보증기관에서 사업계획서를 요구하기 때문입니다. 이때 5~10페이지 사이 통상 7페이지 정도가 적절한 분량입니다.

사업계획서에 포함되어야 할 내용은

주 내용은 회사의 개요, 인력계획, 조직계획, 기술 현황 또는 기술개발 계획으로 구성하고 그다음 생산 및 시설 현황, 시장 또는 판매 현황을 열거합니다. 마지막으로 재무계획 및 사업 추진 일정을 기술하면 되겠습니다. 이런 정도의 내용이 투자와 관련해서 들어가는 것이 중요하다고 봅니다.

사업계획서를 쓰다 보면 어떤 아이템의 시장 점유율과 시장의 현황을 조사했더니 국내 시장규모가 예를 들어 5,000억원인데 낙관적 전망으로 이 시장의 10%의 점유를 목표하여 향후 3년 내 500억원을 하겠다고 합니다.

500억원은 꿈같은 얘기거든요. 그런 사업계획서를 저는 많이 봤어요. 의미 없는 사업 계획서는 쓰레기에 불과합니다.

매출 계획 관련해서는 현실적이어야

특히, 시장 점유율에서 초기에는 1% 내지는 1% 이하로 목표해야 한다고 보면 향후 3년 이내로 시장규모 5,000억원일 경우 1%면 50억원이 됩니다. 달성하기 어려운 매출입니다. 그래서 시장규모를 5,000억으로 보았을 때 3년이내 달성 목표를 0.1%로 책정한다면 5억원이 현실적인 수치입니다.

우리나라에서 창업 후 3년 정도 경과할 때 10억원 돌파하면 분명 성공한 회사입니다.
왜냐하면 창업하고 5년이 지나면 대부분 망하여 생존기업이 100개 중 5개 기업에 불과한데 그 중 10억원 돌파한다면 기반 사업이 아닌 이상 일반 업종이라면 결코 쉽지 않습니다.
아울러 시장규모의 0.1%가 중요한 게 아니라 창업 1년 차에 1억원을 투자하여 얼마를 벌 수 있을까요?

우리나라 제조업 평균 영업이익률이 5%입니다. 그러면 100억원 매출이면 5억을 버는 것이고 10억원 매출에 5천만원을 버는 겁니다. 20억원 매출이라면 1억원을 버는 거예요.

그렇게 돈을 벌기 어려우니 매출은 정말 현실적으로 세워야 되는데 시장점유율을 장밋빛으로 정하는 경우가 많아 사업계획서를 신뢰하지 않습니다. 오히려 자금 조달할 때의 사업계획서가 더 현실적입니다.

> "사업계획서는 낙관적으로 작성하면 의미가 없습니다." 하지만, 최대한 보수적으로 작성하면 사업에 도움이 됩니다.

창업이야기

회사설립은
어떻게 할까?

욕심의 반대는 욕심이 없음이 아닌
잠시 내게 머무름에 대한 만족입니다
달라이 라마

용어 정의
[회사설립] 주식회사나 유한회사 등 회사의 종류를 정한 후 절차에 따라 회사를 세우는 일

06. 회사설립은 어떻게 할까?

개인기업과 법인기업의 차이

개인 회사의 설립은 굉장히 간단합니다. 절차가 간단하고 별도의 상법적인 절차가 필요하지 않고 법인설립에 비해 사전에 인허가가 필요하지 않는 경우에는 관할 세무서에 사업자등록증만 신청해서 교부 받으면 바로 영업 활동이 가능합니다.

필요한 구비 서류가 있는데 중요한 것만 언급하면 다음과 같습니다.
사업장 임대차계약서가 필요합니다. 만약에 동업을 할 경우는 동업계약서 추가해야 하고 인증 인허가 사항이 있으면 인허가증에 대한 사본 이런 것들이 첨부로 필요합니다.

법인의 경우는 사업자등록증만 낸다고 법인이 성립되지 않습니다.
먼저, 법인은 법원에 신고를 해야 설립 가능합니다.

법인설립을 먼저 한 후 사업을 하려면 사업자 등록을 해야 합니다. 먼저 법원 등기소에 가서 법인설립 신청 후 설립등기가 나면 그다음에 관할 세무서에 사업자 등록을 합니다. 개인은 사업자등록증만 바로 하면 되는 것과 다릅니다. 법원에 법인설립 신고가 결코 간단하지 않습니다.

절차상으로 가장 중요한 첫 번째는 발기인이 있어야 합니다. 발기인은 주주라고 생각하면 되고 발기인이 혼자일 수도 있고 여러 명일 수 있습니다. 또한 회사를 경영할 사람이 있어야 합니다.
발기인은 대법원 인터넷등기소에서 중복되지 않게 회사의 상호를 만들어야 합니다.

그리고 회사의 사업장은 어디로 위치할 것인지 자본금에 대한 규모, 이사와 감사의 수 그리고 어떤 업종을 할 건지를 결정해야 하는 데 상법은 그것을 사업목적이라고 합니다. 사업목적은 어떻게 할 건지 먼저 상의를 하고 난 뒤에 법인설립이 준비가 되는 겁니다.

법인설립시 자본금 규모

법인설립 시 자본금은 예전에는 5,000만원 이상이었는데 지금은 폐지가 됐어요. 100만원 이하의 소액도 가능한데 5,000만원 이상을 하는 것으로 추천합니다.

자본금은 설립시 출자금이기 때문에 그 자본으로 최소한 6개월 정도 버틸 수 있는 돈인데 소액으로 100만원 한다는 건 좀 말이 안되겠죠. 최소 1,000만원 이상이라도 있어야 된다고 할 수 있습니다.

더구나 자본금이 소액이면 창업초기 매출부진으로 재무제표가 자본잠식이 될 수 있으니 조심해야 합니다. 등록면허세를 아끼려고 소액으로 하면 안되겠죠.

법인 정관 작성

어느 정도 회사설립에 대한 아웃라인이 정해지면 정관을 만들어야 합니다. 정관이란 회사의 규정과 같은 것으로 주주와 임원을 보호해주는 규칙으로 상법에 의거하여 회사의 특성에 맞게끔 만들어야 합니다. 정관을 만드는 정관 전문가 또는 법무사를 통해서 하면 좋습니다.

정관을 갖추고 회사를 처음 만들 때는 창립총회를 해야 합니다. 발기인 의사록을 만들어야 되거든요. 주주들이 모여서 대표이사를 정하고 자본금을 얼마로 하고 사업장은 어디로 할 것인지 정하는 등 정관의 주요 사항들에 대한 의견을 개진합니다. 주총을 한 다음에 여러 가지 필요 서류들을 갖추게 됩니다. 그 후 준비한 서류를 관할법원 등기소에 가서 법인설립 등기 신청을 하시면 됩니다. 등기가 나오면 "등기부등본"을 들고 사업자등록증을 발급받으러 가시면 됩니다.

법인은 설립시 소정의 비용이 발생됩니다. 개인사업자는 비용이 발생하지 않습니다.

최초 창업시 1인 규모인 경우, 개인사업자로 시작하여 이후 법인설립을 추천합니다.

창업이야기

07

공장 설립하기

인간은 스스로의 선택에 의해 자신의 모습을 만들어간다
사르트르

용어 정의
[공장설립] 공장을 신설 또는 증설하는 것

07. 공장 설립하기

흔히, 공장등록이라는 말을 자주 하고 듣습니다. 공장 등록증이 있느냐 이런 말도 듣는데 일반적으로 생각하는 공장 즉, 산업단지나 들판에 공장을 짓는 것만이 아닙니다. 아파트 안에 있는 것도 공장이고 일반 사무실에서도 공장을 설립할 수가 있습니다.

공장을 설립하기 위해서는 우선 제조시설이 있어야 합니다. 또는, 생산을 시험적으로 할 수 있는 시설체계가 갖춰져 있어야 합니다. 일종의 샘플생산시설과 같은 것을 말합니다. 샘플생산시설 또는 시험생산시설이라고 합니다. 공장은 제조시설은 물론 복지후생을 위한 부대시설 모두 공장에 포함됩니다.

공장설립 및 등록 방법

첫째, 공장설립 승인을 위한 조건입니다. 공장설립이란? 공장을 신설하거나 증설하거나 이전하거나 제조 시설을 설치 또는 업종 변경 업종 추가하고자 할 경우에 시군구청장의 승인을 받는 걸 말합니다.

둘째, 창업 사업계획 승인에 의한 공장설립입니다. 간단히 말하면 개별입지에 공장을 설립하는 경우에 개별적으로 받아야 하는 29개의 법률이 있습니다. 그중에 53개 인허가 사항을 일괄로 의제 처리하여 절차를 간소화시켜주는 제도입니다. 역시 시 군 구청장 승인을 받아야 됩니다.

공장 등록은 공장설립 완료 신고를 추가로 해야됩니다. 공장설립이 되면 완료 신고를 또 해야 됩니다. 조금 까다롭죠? 공장설립 승인을 얻은 자가 공장에 최종 건축물의 사용 승인을 넣고 기계 장치의 설치를 완료한 날로부터 2개월 이내에 시, 군, 구청장에게 신고해야 됩니다.

공장 등록에 대해서는 공장 완료 신고를 받은 그 이후입니다. 시 군 구청장 등은 최종 건축물의 준공 및 기계 장치 등의 설치 등을 현지 확인 후 여러 가지 법령에 정한 기준에 의해서 적합할 경우에는 7일 이내에 등록 사실을 신청인에게 통보해야 됩니다.

아파트형 공장이란?

아파트 공장은 지식산업센터라고 생각하면 되겠습니다. 주로 도심에 위치합니다. 소규모 도심에 있고 영세 제조업체들이 집단화를 통해 생산하는 구조입니다. 건축의 형태는 다층형 집합 건축물로 볼 수 있습니다. 입주 조건이 중요합니다. 입주가능업종은 제조업, 연구개발업, 지식기반산업, 정보통신산업, 벤처기업으로 한정됩니다.

지원상황이 매우 흥미로운데요. 아파트형 공장(지식산업센터)을 활성화하기 위한 지원 제도에는 최초 입주자에게 취득세 75% 세금 감면이 있습니다. 또 보유시 1년마다 재산세를 납부해야 하는데 재산세의 50% 감면혜택이 있습니다.

만약에 500만원 세금이 발생한다면 해마다 250만원이 절감된다는 것입니다. 굉장히 매력적이죠. 거기에 더하여 분양받을 때 신용보증기금이나 기술보증기금에서 자금 지원을 해줍니다.

서울특별시의 경우 대표적인 지식신업센터 지역은 구로, 가산, 금천디지털밸리가 있습니다.

공장설립과 공장등록에 대해 미리 공부하고 중기부에 등록된 중소기업상담회사와 상의하면 유리합니다.

창업이야기

기술기반 창업이
성공확률 높다.

저녁무렵 자연스레 가정을 생각하는 사람은
가정의 행복을 맛보고 인생의 햇볕을 쬐는 사람이다
그는 그 빛으로 아름다운 꽃을 피운다.
베히슈타인

용어 정의
[기술] 어떤 일을 전문적으로 할 수 있는 능력

08. 기술기반 창업이 성공확률 높다.

기술기반 창업이란? 창업자 본인이 가지고 있는 기술 또는 경험, 전문적인 노하우를 기반으로 사업에 착수하는 창업의 형태를 말합니다. 기술기반 창업은 통계상 창업 성공율이 매우 높은 것으로 나타납니다.

창업 초기에는 비용을 최대한 줄여야 하니까 창업보육센터를 이용하거나 공유형 오피스에서 시작하면 좋습니다. 그리고 기술력을 보유하고 있으니까 다음에는 아파트형 공장같은 곳에 입주하는 게 효과적입니다.
창업 초기 준비단계에는 기업부설연구소와 벤처기업확인을 꼭 받아 두는 게 중요합니다.
기업부설연구소는 벤처기업 확인을 받기 전에 설립하면 유리한데 만약 연구인력이 없을 경우에는 벤처기업을 먼저 신청하고 나중에 기업부설연구소도 같이 만들어야 합니다.

벤처기업 혜택

벤처기업의 경우에는 3년 이내에 인증을 받아야 합니다. 어마어마한 혜택이 있습니다. 대표적인 혜택은 법인세 또는 소득세의 50%를 줄여줍니다. 3년 이내에 벤처확인을 받으면 그로부터 5년간은 50% 감면시켜주고 그 이외 다양한 혜택이 있습니다.

제품이나 서비스를 개발하는 단계에는 반드시 특허를 출원해야 하고 개발을 완료하면 판매에 전력해야 합니다.

기술기반 창업이 성공확률 높다.

기술기반 창업에서 성공할 수 있는 요인은 첫 번째 기술력과 외부 자원을 동원할 수 있는 네트워크 능력이 요구됩니다. 두 번째는 창업가의 역량을 포함하여 내부의 핵심 역량인 전문분야 보유능력입니다.

기술기반 창업의 자본조달 시기와 방법

창업 초기는 주로 시장 조사하고 사업계획서를 쓰는 단계입니다. 이때는 기술개발도 조금씩 이루어지는 단계이므로 창업자 본인 돈이나 가족, 지인들 위주로 마련하는 게 현실입니다.

그런 다음 정책자금 신청을 하는데 주로 중진공이나 소진공을 통해서 하게 됩니다. 제품이 나와서 매출로 연결되는 시기, 초기 생산 단계는 마케팅도 필요할 텐데 그때 필요한 자금은 엔젤을 통해서 유치해야 합니다.

보통 엔젤 자금은 1억원에서 5억원 사이라고 생각하면 됩니다. 특히, 법인의 경우에는 주식발행을 제대로 하여 기업의 경영리스크를 관리해야 하므로 전문가의 도움이 필요합니다.

사업이 잘 되어 성장하고 확장 단계로 접어드는 시점은 제품이나 서비스가 시장에서 반응이 좋아지고 매출이 증가하는 때입니다. 당연히 손익분기점을 지나 이익이 나는 시점이라고 보면 됩니다. 이 과정을 통해 제품을 대량으로 생산해야 하고 사업을 크게 확장하는 단계에 도달하면 벤처캐피탈 또는 투자운용사 같은 투자 금융기관을 통해서 자금을 조달하는 게 좋습니다.

매출이 안정되고 신제품 개발이 필요한 시기가 도래하게 되는데 그때 더 큰 투자자금과 차기 아이템 개발을 위한 자금이 필요한 시기입니다. 이때 회사는 IPO를 추진해야 할 시점입니다.

> 기술기반창업은 창업자 본인이 가지고 있는 기술 또는 경험, 노하우를 기반으로 사업에 착수하는 창업의 형태를 말하는 데 통계상 창업 성공율이 매우 높은 것으로 나타납니다.

기술기반 창업이 성공확률 높다.

창업이야기

4050 은퇴 창업,
정부 지원사업을 확인하라

*조직을 승리로 이끄는 힘의 25%는 실력이고
나머지 75%는 팀워크다.*
딕 버메일

용어 정의
[**은퇴**] 직장이나 일을 그만두고 퇴직연금을 받거나 수입이 없고
1년내내 직업이 없는 상태.

09. 4050 은퇴 창업, 정부 지원사업을 확인하라

요즘 조기 퇴직자와 은퇴자들이 계속 쏟아져 나오고 있습니다. 국내 창업시장에서는 실제 시니어 창업이 증가하고 있고 40~50대를 중장년 시니어라고 하고 합니다. 이들이 창업하는 이유는 은퇴 후 재취업이 어렵고 창업의 장벽이 다른 세대에 비해 상대적으로 높지 않기 때문입니다.

중장년 세대가 창업할 때 고려할 사항이 많고 철저히 준비하지 않은 상황에서 창업하면 큰 어려움에 봉착할 수 있습니다. 그래서 정부 지원사업에 대해서 살펴 보는 게 좋습니다. 그중에서 핵심적인 내용은 다음과 같습니다.

창업지원사업을 확인

중소벤처기업부가 창업 지원사업을 주로 하고 있는데 창업을 하기 전 사업자를 예비창업자라고 부릅니다. 특히 창업진흥원에서 주관하는 '예비

창업패키지'라는 사업이 있고 창업 3년 이내 기업에 대해서는 '초기창업패키지'라는 사업이 있으니 관심을 가질 필요가 있습니다.

창업할 때 자영업을 먼저 생각하는 경우가 많습니다. 치킨집, 편의점, 커피숍 등 프랜차이즈업이 주를 이룹니다. 이러한 현실은 본인의 경력과 경험과 무관한 사업으로 생활비를 버는 수준의 창업입니다. 과거에 사회생활과 직장생활에서 전혀 경험이 없는 분야에 진출하는 것보다 본인의 업무경력과 그동안의 경험에 대한 노하우를 활용할 수 있는 '기술창업'의 방향으로 고민하고 계획을 세워야합니다.

기술창업이나 지식창업 추천

4050은퇴자는 기술창업이나 지식기반 창업을 권합니다. 특히, 초기 창업단계에서는 정부 지원금을 최대한 활용할 수 있는 방법을 찾아서 사업화한다면 사업을 안정화하고 성공할 가능성은 높습니다.

그래서 예비창업패키지를 지원해 볼 필요가 있고 중기부 산하 단체인 창업진흥원이라는 곳에서 주관하고 있는데요. 자격요건은 완화되어 만 40세 이상 중장년도 가능합니다. 중장년 퇴직 인력의 기술창업 지식서비스 창업에 유용하게 활용될 수 있습니다.

자영업 형태 창업

자영업 창업을 희망한다면 '신사업창업사관학교'에 도전해보세요. 자영업은 본인의 경력과 경험과는 무관한 사업입니다. 그래서 신사업창업사관학교에 입학하게 된다면 많은 도움을 받을 수 있습니다. 성장 가능성이 높은 신사업 아이디어를 선정하고 예비창업자에게 상품화 교육, 점포경영 체험교육, 사업화 지원 등 다양한 패키지 지원을 하게 됩니다.

1년에 450명 정도의 예비창업자에게 지원합니다. 그리고 이미 창업을 시작한 중장년이라면 '초기창업패키지'를 검토해 볼 필요가 있습니다.

창업 3년 이내 지원사업

초기창업패키지는 창업 3년 이내 기업의 제품이나 서비스를 사업화할 수 있도록 자금을 지원하는 사업인데요. 선정된 기업에 대해서 1억원 정도 지원하고 있으며 예비창업자의 경우에는 예비창업패키지로 약 7천만 원 정도 수준에서 지원하고 있습니다.

정부에서 지원하는 자금은 보조금과 출연금, 정책자금으로 나눠지는데 보조금은 연구개발을 지원하는 출연금과 함께 상환하지 않아도 되는 자금입니다. 그러니까 패키지사업에 선정되면 원금을 안 갚아도 된다는 뜻이 되겠죠.

그리고 통계에 따르면 중장년 시니어의 창업은 청년에 비해 성공확률이 높습니다. 이는 오랫동안 조직과 직장의 경험으로 사업 전반 관리나 위기관리 능력이 확보되어 있고 사업에 도움이 될 수 있는 주변의 인적 자원들이 풍부하기 때문입니다.

> 조기 퇴직자와 은퇴자의 창업은 그동안의 경험과 노하우를 활용할 수 있는 기술 창업, 지식 서비스 창업을 하기를 권합니다.

창업이야기

10

언제 어디서 어떻게 창업하면 좋을까?

계획한 사업을 시작하는 데 있어서 신념은 단 하나
'지금 그것을 하라' 이것뿐이다
윌리엄 제임스

용어 정의
[세액공제] 산출된 세금(산출세액)에서 일정 금액을 빼 주는 것
[소득공제] 세금을 내야하는 소득 중에서 일부 금액을 빼주는 것

10. 언제 어디서 어떻게 창업하면 좋을까?

청년창업중소기업 감면세액

우리나라는 청년이 창업하면 특별한 혜택이 있습니다. 청년창업에 대한 중소기업의 조건은 다음 두 가지를 모두 만족해야 합니다.

첫 번째, 창업 당시 나이가 만 15세 이상에서 만 34세 이하인 사람으로 병역을 이행한 경우는 그 기간을 인정해줍니다. 최대 6년까지 인정이 되죠.

두 번째, 해당 법인의 최대 주주는 최대 출자자로서 지배주주인 사람 즉, 최대 출자자가 아니면 청년창업이 인정되지 않습니다.

청년창업중소기업은 법인설립 시에 돈이 들어가는데 법인 등록면허세와 교육세 면제 혜택이 있습니다. 그리고 매년 납부할 법인세에 대해서 대폭적인 감면 혜택과 사업 목적을 위해 취득한 부동산에 대해서도 취득세와 재산세 감면 혜택이 있습니다.

이는 청년 기업에 추가적인 혜택을 부여하여 적극적인 창업을 지원하는 목적입니다.

특히, 수도권 과밀 억제 권역 이외 지역에서 법인을 설립할 경우에 청년 창업 중소기업의 경우 소득세나 법인세가 5년 동안 전액 감면해줍니다. 상대적으로 과밀억제권역 안에 창업하면 그래도 50% 감면을 받을 수 있는데 이 또한 큰 혜택이라 할 수 있죠.

"창업할 거라면 창업 연령에도 타이밍이 있다."라는 얘기를 드리고 싶습니다.

직원채용시 청년 혜택 활용하여 우수인력 확보

청년내일채움공제

청년내일채움공제는 중소기업에서 3년간 일하면 3천만원을 받을 수 있습니다. 현재, 만 34세 이하의 청년이 생애 최초 중소기업이나 중소기업에 취업해서 2년 동안에 300만원을 내면 기업이 400만원을 내고 정부가 900만원을 보태 모두 1,600만원을 받을 수 있습니다. 3년 동안 공제에 가입하는 경우에는 기업에서 600만원 정부가 180만원을 보태서 3천만원을 받을 수 있습니다.

내일채움공제

기존에 재직한 청년이 2년 이상 근속했다면 내일채움공제 혜택이 있습니다. 5년간 매달 12만원씩 모두 720만원을 부으면 기업이 1,500만원 정부가 720만원 지원하여 총 2,940만원을 받을 수 있는 방법입니다.

청년 교통비 지급

산업단지 내 중소기업에 일하는 청년에게 지급하는 교통비 10만원은 택시와 버스, 지하철, 고속버스에 사용 가능합니다. 몰라서 그렇지 도움이 되는 정보입니다.

창업중소기업 혜택

생애 최초 창업, 두 번째는 기존에 창업했지만 타 업종으로 창업하면 창업으로 봅니다. 가령,주업종을 출판업을 하다가 정보통신업으로 새로이 사업을 개시한다면 그것도 창업입니다.

요즘 직장생활을 해도 정년까지 근무한다는 보장이 없어 퇴직 후 창업을 고민하는 사람들이 많습니다. 또한, 청년들도 취업이 어려워져 젊은 나이에 창업 전선에 뛰어드는 경우가 많이 있습니다. 창업기업에게는 세금혜택을 줍니다.

창업중소기업에 대한 세제 혜택은 조세특례법상 중소기업에 규정하고 있으며 사업장은 수도권 과밀 억제 권역 이외에 위치돼 있어야 합니다.

창업중소기업의 혜택은 첫 번째, 법인세와 소득세를 감면해줍니다.
중소기업의 창업기반 조성을 위해 창업초기 단계의 기업에게 세액을 감면해주는 제도로, 해당하는 기업의 5년간 법인세나 소득세의 50% 혹은 그 이상 감면해주는 제도 입니다.

두 번째, 법인은 처음 설립 시 등기할 때 등록면허세를 면제해줍니다. 만약에 창업 후 자본금을 증자할 때도 등록면허세를 면제 받을 수 있습니다.

세 번째, 창업일로부터 4년 이내에 사용하는 취득하는 사업용 재산으로 토지나 건물을 살때 취득세 면제를 해주는 데 이 부분은 금액에 따라 상당히 격차가 발생합니다. 예를 들어 10억원 상당의 건물을 구입하면 2%

정도 취득세인 2천만을 면제받고 20억원이면 4천만원이 면제됩니다. 물론 본 업종과 관련된 재산을 취득시 해당합니다.

네 번째, 재산세 50% 감면혜택. 창업일로부터 5년간 사업용 재산에 대한 재산세가 해마다 50% 감면됩니다.

다섯 번째는 농어촌 특별세 20%를 부과하는데 창업 관련 감면으로 부과하지 않습니다.

정리 요약하면 다음과 같습니다.

- 수도권과밀억제권역 이외의 지역에서 창업한 청년창업중소기업 : 100% 감면
- 수도권과밀억제권역 이내의 지역에서 창업한 청년창업중소기업 : 50% 감면
- 수도권과밀억제권역 외의 지역에서 창업한 창업중소기업 : 50% 감면
- 창업벤처중소기업 : 50% 감면
  벤처기업으로 확인받은 날 이후 최초로 소득이 발생한 과세연도와 그 다음 과세연도 개시일부터 4년 이내에 끝나는 과세연도까지 (총 5년간)
- 신성장 서비스업
  창업벤처중소기업, 수도권과밀억제권역 외의 지역에서 창업한 창업

> 중소기업에 해당하면서 대통령령으로 정하는 신성장 서비스업을 영위하는 기업의 경우, 최초로 세액을 감면받는 과세연도와 그 다음 과세연도의 개시일부터 2년 이내에 끝나는 과세연도에는 75%를 감면하고, 그 다음 2년 이내에 끝나는 과세연도는 50%를 감면

기업을 경영하는 대표자는 세금과 친해지세요. 모르면 손해 보는 제도가 바로 창업중소기업에게 세액을 감면해주는 제도입니다.

> 창업이라 함은 생애 최초의 창업과 업종을 변경한 것도 창업이 될 수 있습니다.
> (청년)창업중소기업의 엄청난 혜택을 적용받고, 창업벤처기업 확인을 받으면 절세에 도움을 얻을 수 있습니다.

경영이야기

11. 우리나라 중소기업 현황과 경영성적은 어떠한가?
12. 위기 극복과 사업실패를 이겨내는 방법
13. 정부지원사업 중 R&D 지원사업
14. 정부지원사업 중 인건비, 수출, 특허 지원사업 etc.
15. 투자금 조달에 대해 알아보기
16. 엔젤투자와 벤처캐피탈에 대해 좀 더 알아보자
17. 개인사업자가 법인전환하면 좋을까
18. 회계는 볼 줄 알아야 한다.
19. 재무제표에 대해 알아보기
20. 세금은 경영의 필수
21. 마케팅전략은 디지털시대에 맞게
22. 기업에서 받아야 할 인증 4가지
23. 조직관리 할 수 있을 때까지 살아남기
24. 정책자금을 받으려면
25. 보증기관 알아보기
26. 대표이사의 리스크, 해결하기
27. 기업과 대표이사(주주) 모두의 리스크, 해결하기
28. 법인, 정관의 중요성을 명심하자
29. 채권관리와 회수, 철저히 하자
30. 노무사 자문계약 해야 할까
31. 경영지도사는 어떤 일을 하는가?

경영이야기

우리나라 중소기업 현황과 경영성적은 어떠한가?

바람처럼 빨리 달리는 말은 점점 속력이 둔해지지만,
낙타를 부리는 사람은 여행지까지 줄기차게 걸어간다.
사디

용어 정의
[중소기업] 중소기업기본법상 요건을 충족한 기업으로 중기업과 소기업으로 분류
[경영성적] 기업의 경영활동의 성과로 이익액이나 이율

11. 우리나라 중소기업 현황과 경영성적은 어떠한가?

중소기업의 현황

국내 중소기업은 689만개로 전체기업의 99%를 차지하고 기업 종사자는 1,744만명으로 83%의 고용을 책임지고 있으며 매출액은 2,732조원으로 전체기업의 48%를 차지하고 있는 우리나라 경제의 버팀목입니다.
업종별로는 도소매업>부동산업>숙박·음식점업 등의 순이었으며 지역별로 수도권(서울·인천·경기)소재 중소기업이 전체의 51%로 353만개로 집계되었습니다, 수도권은 종사자는 54%, 매출액은 58%를 차지했습니다. 대표자가 여성인 중소기업인은 전체의 40.2%로 277만개입니다. (2019년, 통계청 기준)

중소기업의 경영성적

코로나 펜데믹으로 인해 2020년 국내기업 매출 10년만에 역성장 했습니다.

1년 사업하여 영업이익으로 이자도 못갚는 한계기업이 40%를 넘어 사상 최대의 수준인 것으로 나타났습니다. (한국은행, 2020년 기업경영분석 통계)

업종별로 제조업(-1.7%->-2.3%), 비제조업(2.3%->0.0%)로 매출액이 떨어졌고 반면, 전자·영상·통신장비업(-8.1%->7.0%), 부동산업(-3.6%->13.0%)은 매출액이 늘어났습니다.

부채비율과 차입금의존도 또한 늘었습니다. 부채비율은 전년(115.7%)보다 악화된 118.3%를 기록했고 차입금의존도는 29.5%에서 30.4%로 늘었습니다. 이처럼 한계기업이 늘어난 것은 차입금을 증가하여서입니다.

중소기업이 처한 어려움

코로나19와 경기침체로 중소기업계이 생존을 위협받고 벼랑으로 몰린 이른바 '경영 3중고'의 어려움에 봉착해 있습니다.

지난 2021년 7월부터 시행 중인 50인 미만 사업장의 '주52시간 근로제'와 최근 4년 동안 급격하게 인상된 '최저임금' 폭탄, 올해 1월 27일 부터 시행한 '중대재해처벌법'이 그것입니다.

특히 50인 이상 사업장에 단 한번의 사망사고로 대표자는 최소 1년이상 징역 또는 10억이하의 벌금이 부과되며 법인벌금(50억원 이하)과 영업 중단 등 행정조치가 가능한 중대재해처벌법입니다. 오는 2024년 1월 27일 부터는 상시근로자 5이상인 사업장도 적용됩니다.

주52시간제는 근로자의 임금삭감의 결과로 나타났고 근로자의 76%가 '주52시간제 반대하고 있는 실정입니다. 급격히 인상된 최저임금은 영세 중소기업과 소상공인에 막대한 어려움을 초래하였습니다. (2022년 시급, 9,160원)

> 중소기업의 경영성적은 절반이하의 시업체가 부진한 것으로 나타났고 그만큼 사업과 경영이 어렵다는 반증입니다. 체계적인 경영 공부와 실전에서 위기를 극복해야 합니다.

경영이야기

12

위기 극복과 사업실패를 이겨내는 방법

용어 정의
[위기] 위험한 고비나 시기
[극복] 굴함이 없이 능히 견디거나 잘 조절해 나가는 것
[실패] 목표했던 일을 달성하지 못한 상태
[방법] 목적을 이루기 위하여 취하는 방식이나 수단

12. 위기 극복과 사업실패를 이겨내는 방법

사람은 살면서 실패를 하면서 시행착오를 겪습니다. 어떤 사람은 실패하면 포기해버리지만 어떤 사람은 실패를 겪고 얻은 교훈을 기회로 삼기도 합니다.

기업경영자는 수많은 어려움을 겪습니다. 그중에 가장 큰 어려움은 자금 부족일 것입니다. 통상 사업을 10년 주기로 보면, 5년은 힘들고 3~4년은 그럭저럭, 1~2년은 잘된다고 합니다. 그러므로 일 이년 열심히 하면 십 년은 먹고산다는 말이 있기도 합니다. 그래서 대표들을 만나보면 항상 힘들다고 입에 달고 삽니다.
직장인은 꼬박꼬박 월급을 받고 휴일에 쉬는 데 비해 경영자는 월급날이 되면 걱정이고 휴일에도 회사 일을 멀리할 수 없습니다.

그러나 사업에 성공하면 부를 축적하고 성취감과 자존감이 높아지지만 실패하면 인생의 쓴맛을 보게 됩니다. 직장인은 적은 보수를 받고 안정적인 생활을 할 수 있지만 오랜 기간 일할 수 없습니다. 때가 되면 은퇴를 해야겠죠.

인생 100세의 시대, 직장인은 20대 중~ 50대 후반까지 25~30년은 안정적일 수 있으나 은퇴한 이후 인생 후반전 40~50년은 새로운 위기를 맞이할 수 있습니다. 다행히 노후 준비가 되어있으면 연금 받고 건강 관리하면서 살 수 있겠지만 다수의 은퇴자는 노인 빈곤에 시달리며 어렵게 살아갑니다.

앞으로 직장의 시대에서 직업의 시대로 확실히 변화할 것입니다. 그러니 어떤 직업을 선택하느냐에 따라 제2의 인생도 달라질 것입니다.

실패를 이겨내는 5가지 방법

필자도 과거에 회사 사정이 나빠져 괴롭고 힘들 날을 보낸 적이 있었으며 무리하게 버티다 가족, 지인, 직원 모두를 어렵게 하였습니다. 돌이켜 보면 사업이 힘들어지면 극복 과정은 필요하지만 안될 것 같으면 과감히 포기했었어야 했습니다. 시간이 지날수록 더 큰 어려움에 봉착하게 됩니다.

아직도 사업하는 많은 사람은 "힘들어도 버티면 된다"라고 하는 데 "버티면 부러집니다". 단언컨대 감당할 만큼 버티면 희망은 있지만 제발 감당하기 불가능할 정도로 버티지 말고, 실패를 인정하고, 한동안의 시간 경과 후 원인을 파악하고 방법을 찾아 다시 도전하면 됩니다. 실패를 통해 무엇을 잘못했는지와 어떻게 바꾸어야 할지 알아차리는 것이 중요합니다.

사업 실패를 이겨내는 방법 중 첫째, 살기 싫을 정도로 절망적인 경우는 종교의 힘에 의지하세요. 자신을 반성하고 진실한 기도를 하면 정신도 맑아지고 안정감이 생깁니다.

둘째, 독서를 통해 좋은 글귀를 메모하고 실천하세요. 독서는 정신건강에 가장 좋은 도구라고 알려져 있고 좋은 글은 이해하기 쉽고 올바른 단어 사용으로 삶의 지침서가 될 것입니다.

셋째, 잠자리에 들기 전이나 아침 시간 대중교통 이용 시 눈을 감고 명상을 해보세요. 자기를 다스려야 합니다. 명상은 스트레스를 줄여주고 정서에 상당한 도움을 주어 마인드컨트롤이 가능해집니다.

넷째, 서두르지 말고 천천히 행동하세요. 천천히 하면 더 좋은 결과가 나옵니다. 정신없이 앞만 보고 달려가면 놓치는 게 많고 느리게 걸으면 보이지 않는 게 보입니다. 음식도 천천히 씹으면 맛을 느낄 수 있는 것처럼 바쁜 걸음을 멈추고 주변을 돌아봐야 합니다.

다섯째, 모든 것은 끝이 있다고 생각하세요. 아무리 큰 어려움과 위기 상황도 끝은 있습니다. 사업 실패가 인생의 끝은 아니므로 극단적인 선택은 금물입니다.

'칠전팔기'라는 사자성어가 있죠. 일곱 번 넘어져도 여덟 번 일어난다는 말은 실패에도 포기하지 않고 일어난다는 정신이야 말로 위기 극복의 정신이고 성공의 정석입니다.

부모로부터 물려받은 사업이 아니면 대부분 창업자는 실패의 쓴 맛을 보게됩니다. 그러나 포기하지 말고 실패를 깨끗이 인정하고, 심신을 단련하여 딛고 일어서면 분명 성공할 것입니다.

경영이야기

정부지원사업 중 R&D 지원사업

*감사하는 마음은 있지만 표현하지 않는 것은
선물을 포장한 후에 주지 않는 것과 같다.*
윌리엄 아서 워드

용어 정의
[지원사업] 기업의 상품, 기술개발, 사업화를 위하여 무상으로
자금을 지원해주는 사업

13. 정부지원사업 중 R&D 지원사업

R&D 지원사업이라고 들어보셨습니까? 정부에서는 기술력이 우수한 기업 대해서 연구개발과 사업화하라고 자금을 지원 해주고 있습니다. 흔히 안갚아도 되는 돈이라고 표현하죠. 그러나 경쟁률이 매우 높습니다.

1월과 5월 매 년 두 번의 기회

대표적으로 중소벤처기업부의 중소기업 기술개발지원사업의 경우 해마다 1~2월에 상반기 공고가 나옵니다. 그리고 4~5월경 추가 공고 발표됩니다. 연초에 집중해야 된다는 말씀을 드리고 싶습니다. 이는 중요한 체크사항입니다. 2번 공고 하는데 왜 연초에 집중해야 할까요?

이유는 두 번째 단계는 예산이 줄기 때문입니다. 전반기에 이미 연간 예산이 많은 부분이 결정되고 남은 예산으로 두 번째 지원 업체를 선정하기 때문에 다수의 기업이 더 몰리는 반하여 예산은 적어서 두 번째에 선정되기는 경쟁률이 더 높기 때문입니다. 당연히 확률이 더 떨어지니까 연초에 도전하는 것을 권합니다.

준비방법

R&D 선정을 위해서는 우선 해당 아이템에 필요한 기술력 있어야 하고 적어도 1년 정도의 준비기간이 필요합니다. 해당 제안사업에 대한 기본적인 내부의 기술 인력은 있어야 하고 기업부설연구소 또는 연구개발전담부서가 갖추어야 하고 관련 특허등록이 되어 있거나 특허출원을 해야 합니다.

해당 기술을 개발할 수 있는 제품이나 서비스를 자체 개발 또는 외주개발 방식을 선정하여 결과물을 도출하기 위해서 아이디어를 실현시킬 수 있는 과제 책임자는 엔지니어로 두고 사업계획서 철저히 준비해야 합니다. 특히 제품이나 서비스가 개발 준비단계 보다 개발을 착수하여 테스트하는 단계가 유리합니다.

R&D는 기술투자이며 기업의 비전

선정된 R&D 결과물은 지원금을 통해 개발할 수 있게 됩니다. 그 결과 형태는 제품, 서비스, 앱과 같은 형태로 만들어지게 됩니다. 그렇게 정부 지원금으로 개발된 아이템을 가지고 사업을 진행할 수 있는 기회를 부여 받게 되는 것입니다.

기업이 자력으로 아이템을 개발하기 위해 시간과 비용이 많이 투자되는 것을 R&D 지원금을 통해 개발하게 되는 만큼 창업초기 기업이나 영세한 규모의 기업에게는 큰 기회라고 할 수 있습니다. 이와 같이 지원금을 1~2년의 협약기간 동안 개발비와 사업화 자금으로 사용할 수 있습니다. 창업 초기기업의 경우 대표적인 지원사업은 창업성장기술과제(디딤돌)와 초기창업패키지가 있습니다. 금액적으로 대략 1억 정도 지원받을 수 있고 이를 연구개발비 용도로 사용하면 되므로 인건비 처리가 된다는 뜻입니다. 나머지 시장조사비 기타 등의 용도로 운영할 수 있습니다.

R&D를 받기 위한 기업의 요건

창업성장기술과제(디딤돌)는 아이템의 개발자금 중심으로 지원하고 초기창업패키지는 아이템의 사업화 중심으로 하고 있습니다.

디딤돌의 경우, 창업 7년 이하이고 최근년도 매출액 20억원 미만이며 기술성, 사업성 등 성장 잠재력을 보유한 창업기업에 연구개발비를 지원하며 제조업이나 IT분야가 대체로 유리하고 가점사항은 기업부설연구소(연구개발전담부서), 특허, 벤처인증, 이노비즈인증, 메인비즈인증, 인재육성형중소기업지정서, 여성기업확인서 등이 있습니다.

초기창업패키지는 창업 후 3년 이내기업에 한하고 유망 창업아이템을 보유한 기업을 대상으로 사업화 자금 및 프로그램 지원하며 노란우산공제사업 가입업체, 신산업분야의 창업기업, 전국규모 창업경진대회 수상 경력이 있으면 유리합니다. 그 기술을 보호하거나 기술을 강화하기 위해서 특허가 있는 것이 좋습니다.

R&D는 국가에서 주는 무상자금

단, 기업부담금은 있습니다. 만약 지원금이 1억이면 20% 정도가 있습니다. 20%는 모두 현금은 아니고 현금은 한 5% 정도 비중으로 보면 됩니다. 1억원 받는데 500만원의 자기 돈 투자되는 것입니다. 공고 내용을 잘 보고 필요시 전문가와 상의하면 됩니다. "자격 요건을 미리 갖추고 연초에 접수를 하라" 이것이 성공 포인트입니다.

R&D과제가 선정되기 위해서는 평가를 잘 받아야 됩니다. 평가를 잘받기 위해서 준비할 부분은 크게 두 부문에 중점을 두게 되는데 첫째, 기술성이 있느냐 둘째, 사업성이 있느냐 입니다.

기술성 점수와 사업성 점수를 합산해서 좋은 점수를 받아야 됩니다. 그때 사업계획서 작성이 무척 중요합니다. 회사가 아무리 기술이 있다고 해도 표현을 잘하지 못하면 안 되기 때문에 이 부분에도 주력해야 합니다. 사업계획서는 정부에서 별도로 사전교육도 시켜줍니다.

R&D 지원사업은 창업 초기기업에게 좋은 사업입니다. 연초에 공고가 나오는 만큼 6개월~ 1년 전 미리 자격요건을 갖추고 사업계획서를 철저히 준비하면 선정될 가능성이 높습니다.

경영이야기

정부지원사업 중
인건비, 수출, 특허 지원사업 etc.

모든 성장에는 성장통이 있다.
프리드리히 니체

14. 정부지원사업 중
인건비, 수출, 특허 지원사업 etc.

인건비 지원사업

우리가 흔히 정부에서 중소기업을 지원하는 사업을 통칭하여 정부지원사업이라고 하는데 금융, 세금, 인력, 마케팅, 기술지원 등 다양합니다. 특히 창업 초창기 기업을 지원하는 사업이 많습니다. 대표적인 것이 인건비 지원 사업입니다.

정부에서 제공하는 고용지원금은 고용창출장려금과 고용안정장려금이 있습니다. 중소기업에서 인력을 채용하거나 고용을 유지하기 위해 고용노동부에서 지원해 주는 사업입니다. 고용노동부 사이트에서 들어가면 자세하게 안내되어 있고 전문가의 도움이 필요하면 노무사에 위임하면 될 것입니다.

수출지원사업

수출하고 있거나 준비 중이면 수출지원사업에 관심을 가지세요. 수출지원사업은 해외 마케팅 쪽으로 수출 초기 기업부터 수출 강소기업까지 육성해 주는 사업이 있습니다.

이것도 역시 많은 지원금이 나옵니다. 특히, 수출바우처사업 같은 경우는 최소 3천만원에서 1억원까지 지원받을 수 있습니다. 수출지원사업도 잘 활용하면 수출 초보기업에게 큰 도움이 됩니다. 바이어발굴, 해외 상표출원 및 특허, 제품인증, 통번역, 홈페이지 제작, 판로 개척 등 다양합니다. 해외 전시회, 박람회 참가비 지원과 전시장 부스설치 지원사업도 있습니다.

특허지원사업

특허 지원사업은 연초에 글로벌IP 스타기업, 스타트업 지식재산 바우처 사업 등과 같은 형태로 추진됩니다. 특허지원사업 들을 잘 찾아보면 특허비용에서 자부담 비용을 최소한으로 줄일 수 있습니다.

국가에서 지원할 수 있는 것들이 있으니까 신청하셔서 해당이 되면 충분히 지원을 받으면 됩니다. 각종 인증 취득에 대한 비용들도 지원해 줍니다. 기술적인 부분, 시스템 부분, 제품제조 부분에 대해서 필요한 비용들을 지원해주는 인증 지원사업들이 있습니다.

기장지원서비스

정부에서 하는 지원사업 중에서 여러 가지를 말씀드렸는데 창업 초기기업을 대상으로 선착순 기장료 지원사업도 있습니다.

자체 기장을 하지 않는 대다수 중소기업은 세무사나 회계사 사무실에 월 기장료를 지급합니다. 지원사업 선정시 1년에서 2년 지원을 해줍니다. 모이면 큰 돈이니까 그렇게 지원을 받으면 됩니다.

바우처 지원사업

서비스 이용자에게 현금이 아닌 이용권을 발급하여 서비스를 선택하면 됩니다.

바우처 금액은 정부지원금과 기업부담금으로 구성되어 있고 대표적인 것은 비대면 바우처, 클라우드 바우처, 혁신 바우처, AI 바우처 등이 있습니다.

> 정부지원사업 중 고용지원, 수출지원, 특허지원, 기장지원 사업 등이 있습니다. 기업운영에 큰 도움을 주는 만큼 적극 지원하고 활용해야 합니다.

경영이야기

투자금 조달에 대해 알아보기

큰일을 하는 경우에서는 기회를 만들어내기보다는
눈앞의 기회를 잡도록 힘써야 한다.
라 로슈푸코

용어 정의
[투자금] 이익을 얻기 위하여 어떤 일이나 사업에 댄 자금

15. 투자금 조달에 대해 알아보기

처음 사업을 시작할 때 대부분 본인의 준비된 자금에 더하여 지인들 또는 가족을 통해서 일부 보조를 받거나 차입을 하게 되는 경우가 많습니다. 이때 가족이나 지인을 통해 들어오는 자금도 투자라고 할 수 있습니다. 그럼 정부에서 융자받는 것도 투자가 아니냐 할 텐데 물론 갚아야 할 돈이지만 저는 투자로 보지는 않습니다. 그냥 말 그대로 융자라고 봅니다, 제가 말하고자 하는 투자는 그야말로 투자해 주는 데에서 투자금에 대한 회수를 목적으로 하는 게 아니라 실패도 같이하고 성공할 때 엑시트(Exit)하는 경우를 투자라고 생각합니다. 예를 들어 벤처기업의 엑시트 전략은 매각, 주식상장, 인수합병 등이 있습니다.

투자의 종류에는 엔젤 투자, 액셀러레이터, 벤처캐피털 투자가 있습니다. 액셀러레이터를 AC라고 하고 벤처캐피털은 VC라고 부릅니다. 위 세 가지는 이해하면 좋을 것 같습니다.

기술력이 높고 사업성이 있어서 투자를 받을 만한 사업자들은 자기 자본 외에 투자를 받게 되는데 사업초기에는 엔젤투자, 창업 후에는 벤처캐피탈, 성장기에는 펀딩투자를 받을 수 있게 됩니다. 그 개념을 이해하시면 기업운영에 큰 도움이 될 것입니다.

엔젤투자

엔젤투자자는 기술력은 있으나 창업 지금이 부족한 초기 단계의 벤처기업에게 투자한다고 보면 되고 엔젤투자는 엔젤 투자조합이라는 곳이 있습니다.

전문적으로 조합에 소속된 엔젤을 통해서 투자받는 방법이 있고 흔히 말하는 지인에게 투자받는 것도 엔젤이라고 합니다. 엔젤투자는 금액이 소액입니다. 5천만원에서 1억원 정도라고 보시면 되고 1천만 원도 될 수 있습니다.

지인에 의한 투자나 엔젤투자 조합을 통한 투자 모두를 엔젤투자라고 합니다.

엑셀러레이터(AC)

엑셀러레이터는 유망 창업기업을 발굴하여 엔젤투자, 사업공간, 멘토링, 교육서비스를 제공하는 창업기획자입니다. 1억원에서 2억원 정도의 자금을 투자받기 위하여 만나게 되는 것이 액셀러레이터입니다. 보통 이들이 운영하는 사이트에 들어가면 더 많이 투자를 해줄 것처럼 합니다만 실상은 그렇게 안 해줍니다.

벤처캐피탈

벤처캐피털은에 투자받으려면 5억원에서 10억원 정도가 가장 무난한 규모이고 그 이상인 경우도 있습니다.

기술력은 가지고 있으나 자본과 경영능력이 취약한 기업에 투자하는 형태입니다. 경영관리 등 종합적인 지원을 제공함으로 기업이 성장하도록 도와준 후에 다양한 방법으로 투자금을 회수하는 전문 투자집단입니다.

투자하는 이유

창업 초기기업들이 접근할 수 있는 투자에 대한 순서와 금액 규모를 살펴보았습니다. 여기서 중요한 점은 투자를 하는 회사들이 이유가 있다는 점입니다. 투자해서 원금 회수보다는 그 이상을 생각하는 것입니다. 엔젤은 다소 회수 목적이 있습니다. AC같은 경우는 벤처캐피털 단계로 가기 전까지 일합니다. 그래서 AC도 지분 확보를 하면서 벤처 캐피털에 넘길 때는 그 지분을 다시 회수하는 과정에서 돈을 버는 것입니다.

그래서 AC부터 사업제안서나 투자제안서가 어려워 일반인들이 접근하기가 어렵습니다. 그래서 전문가를 통해서 제안서 작성을 배우거나 함께 협력해보는 것도 좋은 방법입니다. 대표가 직접 하다가는 1년 내내 본 사업은 못 하고 서류 들고 사람 만나고 왔다가 갔다 세월을 보냅니다.

그다음 VC의 최종 목적은 주식거래소 상장(IPO)입니다. 또는 M&A입니다. VC는 기업상장을 목표로 하고 있고 기업상장 전에 대기업이나 더 큰 회사에 매각하는 것을 목표로 하고 있습니다. 그때 자기 지분 확보한 것을 투자금에 대한 지분으로 받게 됩니다. 그것을 IPO나 M&A를 통해 지분을 매각하여 수익을 창출하는 형태입니다. 기업경영자는 단계적으로 잘 활용하면 됩니다. 이때 중요한 것은 "경영권 방어를 위해서 지분 51%는 유지해라" 입니다.

경영권방어와 기타 투자기관

초기의 기업들은 AC까지는 절대 지분의 50% 이상을 투자자에게 주면 안 됩니다. 일반 금융기관 포함해서 정책금융기관이 있습니다. 거기도 투자를 해주는 데 투자 융자복합 상품이 있습니다. '투자융자복합상품'을 통해 투자도 받고 이자도 내는 방식입니다. 주로 중소벤처기업진흥공단과 신용보증기금, 기술보증기금에서 그와 같은 상품이 있으니 찾아볼 필요가 있습니다.

일반 금융기관에서 주는 것도 투자일 수 있는데 사실 지원 형태의 명칭상 투자라고는 하는 데 이자를 통해 수익을 창출하는 구조이고 항상 담보를 요구합니다. 위에서 설명한 투자 회사, 투자자, 엔젤투자, VC의 경우는 담보가 필요 없습니다. 원금 회수는 당연히 금융기관에서 하고 투자자는 지분 매각을 통해서 합니다.

> 기업의 성장단계별로 투자형태를 이해해야 합니다. 투자의 목적을 이해하고 경영권을 방어하는 방법을 알고 있어야 합니다.

경영이야기

엔젤투자와 벤처캐피탈에 대해 좀 더 알아보자

> 부모는 그대에게 삶을 주고도
> 이제 그들의 삶까지 주려고 한다.
> 척 팔라닉

용어 정의
[엔젤] 경영자금이 부족한 신생 벤처기업에 자본을 대는 일
[벤처] 모험이 필요하나 높은 수익이 예상되는 참신한 사업이나 투자의 대상

16. 엔젤투자와 벤처캐피탈에 대해 좀 더 알아보자

엔젤 투자자

기술력이 좋거나 아이디어와 사업성은 괜찮은데 결국 자금이 부족한 기업이 창업 초기 단계에서 투자자를 만나기가 굉장히 어렵습니다. 그럼에도 불구하고 만나야 하는 투자자가 바로 엔젤투자자입니다. 국내에서 창업·벤처라고 불리우는 신규 기업을 흔히 스타트업이라고 합니다.

엔젤투자자는 지인과 가족, 개인 엔젤투자자, 엔젤투자네트워크로 나누어 집니다. 엔젤투자자를 만날 수 있는 방법중 하나는 엔젤투자네트워크를 활용하는 방법입니다. 엔젤투자협회의 네트워크는 그 중 하나입니다. 엔젤 투자자들의 조합이 모인 것을 엔젤 클럽이라는 하는 데 투자자 모임이라고 이해하시면 빠를 것 같습니다. 투자와 정보를 공유하면서 이런저런 얘기를 나누고 투자한 사람 회사에 멘토(Mentor) 역할도 해줍니다.

결국은 돈이 들어오는 게 더 중요하기 때문에 자문도 하는 것이라고 보면 됩니다.

창업 초기 1단계 때 시행되는 엔젠투자금의 투자재원은 대부분 다 개인 돈입니다. 개인 돈이 들어오는 것이고 투자를 통해 배당받는 것이 주된 목적입니다.

벤처캐피탈

상대적으로 벤처캐피탈은 아무래도 단계가 올라갑니다. 벤처캐피탈 정도 받을 수 있는 회사라면 기술력이 엄청나게 뛰어나야 합니다. 회사 매출을 얘기하는 게 아니고 회사가치가 적어도 50억원 이상은 돼야 합니다.

회사가치를 내는 방법은 여러 가지가 있는데 자기 자본금의 10배, 가령 자본금이 만약에 1억이면 10억원 정도입니다. 그러나 회사가치가 50억 정도 되면 자본금 5억원짜리 회사가 쉽지는 않습니다. 초기기업들은 자본금이 5억원이라고 해서 50억원이 나오는 건 아닙니다. 업종에 따라 다 다릅니다.

벤처캐피탈은 국가 산업을 주도하거나 글로벌 수출 경쟁력이 있거나 유니콘 기업이 될 만한 회사를 만난다고 보면 됩니다. '여기 투자하면 대박이야' 이런 분위기라고 해석하면 됩니다.

부연하면 고도의 기술 경쟁력을 갖춘 세계적인 회사가 될 것 같은 회사, 그래서 그런 회사에게 경영관리까지 종합적으로 지원하는 겁니다. 자금만 들어가는 게 아니라 이들은 경영에도 참여합니다. 기업 성장을 끌어올린 다음에 다시 투자금을 회수합니다. 회수는 지분을 매각하는 방식으로 이뤄집니다. 전문 투자자 집단이라고 보면 됩니다. 창투사라는 말을 들어봤을 겁니다. 창업투자회사가 전형적인 벤처캐피탈이라고 생각하면 됩니다.

자본금은 50억원 이상 정도 되는 회사의 자산이 있는 회사입니다. 그래서 벤처캐피탈은 창업 초기기업이 아니라 창업 성장 가능성이 높은 기업이 주를 이룹니다. 물론, 2년도 채 안 된 회사도 벤처캐피탈을 만날 수 있습니다.

'성장 가능성이 100억원의 잠재력이 있다. 그 이상의 잠재력이 있다' 고 하면 가능하다는 얘기입니다. 이렇게 해서 기업의 성장과 투자자가 동시에 윈윈(win-win)하는 사업 모티브를 갖고 있습니다. 특히, 벤처캐피탈은 벤처기업을 만납니다.

국내 벤처기업 인증을 받은 회사는 3만 9천 개입니다. 하지만 세계적인 유니콘 기업으로 성장할 가능성있는 회사는 390개, 결국 1% 안에 들어야 한다고 할 수 있습니다. 그래서 스타트업 대표 중 "우리 회사는 벤처기업이고, 혁신적이며 글로벌하고 시장을 지배할 수 있어"라고 해서 벤처캐피탈을 만나서 투자를 받으려면 벤처기업 안에서도 상위 1% 안에 드는 혁신성, 미래에 대한 성장성, 사업 잠재력을 가지고 상담하면 됩니다.

흔히 신문에서 보면 어떤 회사가 투자를 받았다는 것들은 잘 들여다보면 그 회사는 상위 1% 안에 들어갑니다. 이런 투자 프로세스는 자료를 찾아보거나 전문가와 상의하면 됩니다.

> 엔젤투자와 벤처캐피탈은 스타트업의 창업 초기와 성장단계에서 투자유치 방법입니다. 많은 엔젤, VC들은 창업멤버와 팀을 보고 투자를 한다는 말에 유념하세요.

경영이야기

개인사업자가 법인전환하면 좋을까

가장 중대한 실수는 조급함 때문에 일어난다.

마이크 머독

용어 정의
[개인사업] 개인이 자신의 목적과 계획을 가지고 짜임새 있게 지속적으로 경영함
[법인전환] 개인이 경영하던 기업을 법인이 경영하도록 기업의 조직 형태를 변경하는 일

17. 개인사업자가 법인전환하면 좋을까

개인사업자로 사업을 해오다가 실적이 늘어 세금을 많이 내면 주변에서 "법인으로 돌려" 또는 "법인 돌리면 머리 아파, 세금은 줄지만" 이런 얘기를 듣지만 법인 전환을 하게 됩니다.

왜냐하면 세금 차이가 엄청나기 때문입니다. 법인전환을 왜 하는지에 대한 설문을 보니 의외로 세금보다는 대외 공신력이 첫번째였습니다. '저희 법인회사입니다'라고 하면 좀 회사 같고 개인사업자라고 하면 뭔가 좀 구멍가게 같은 생각을 하는 것 같습니다.

두 번째는 경영을 체계적으로 할 것 같은 경영 합리화라는 이유와 세 번째가 세금 절감이었습니다. 생각했던 것과 다른 조사 결과였습니다. 그럼에도 세금절감 효과가 현실적으로는 중요한 이유라고 경영관점에서는 이야기하고 싶습니다. 대외적 공신력도 중요하지만, 세금절감은 피부에 와 닿는 것이라고 할 수 있습니다. 현실적으로 개인회사를 법인으로 돌렸을 때 여러 가지 지원받는 것이 많습니다.

법인설립 후 개인사업자 단순폐업

가장 많이 하는 방법으로 개인사업자의 자산이 많지 않을 때 개입사업자 폐업 후 법인사업자를 새로 설립하여 사압을 시작하는 것입니다.

법인사업자 등록 전 포괄양수도 계약

동일한 대표자가 법인으로 전환 시 주로 활용되고 있으며 세제상 유리합니다.

개인인사업자가 사용하던 부동산, 기계, 장치, 특허권 등 유무형 자산을 법인으로 이전을 해야 합니다. 개인사업자에게는 부동산 양도 등 여러 가지 양도소득세 부가가치세가 발생하고 법인에는 부동산을 취득하게 되므로 양도와 반대의 현상이 나타납니다.

개인사업자는 넘긴 것 즉, 양도한 것이고 법인은 사들인 거니까 취득에 대한 부가세가 발생합니다. 세금 부분은 세무사와 상의하고 기본적으로 사전에 알아보시고 하셔야 할 것 같습니다.

법인 전환했을 때 유리한 포괄양수도의 경우 세금 측면도 유리하지만, 절차가 단순하고 단기에 할 수 있습니다. 주의할 점은 법인설립 후 사업자등록 시 포괄양수도 계약서를 동시 제출해야 합니다.

개인사업자 현물출자를 통한 법인설립

개인사업자의 고유재산가치를 평가한 후 이를 자본금으로 법인을 설립하는 것으로 자산이 상당히 많거나 감정평가 등 절차로 인해 시간과 비용이 꽤 발생합니다.

개인사업자와 법인사업자를 병행운영

개인과 법인기업의 차이는 세율적으로 차이가 크다는 것을 말씀드린 바 있습니다. 개인에서 법인전환은 신중해야 합니다. 개인사업자는 여러 가지 관리상으로 좀 자유롭고 법인은 까다롭기 때문에 법인 대표들은 법인을 왜 했는지 힘들어하는 경우가 있습니다. 자금을 출금하기도 어렵고 여러 가지 제약사항도 많습니다. 그래서 법인과 개인, 병행 운영을 추천해드립니다.

> 개인사업자와 법인사업자를 동시에 운영하는 것을 권합니다. 대외공신력, 자금조달, 세재해택 등을 고려했을 때 법인이 개인사업자보다는 유리합니다.

경영이야기

회계는
볼 줄 알아야 한다.

많은 사람이
재능의 부족보다
결심의 부족으로 실패한다.
빌리 선데이

용어 정의
[회계] 회사의 경영상황을 여러 이해당사자들에게 수치적으로
표현해주는것

18. 회계는 볼 줄 알아야 한다.

　세무와 회계에 대한 이해는 기업을 경영하는 대표에게는 꼭 필요합니다. 그러나 실무에서 대표들을 만나보면 회계나 세무에 대한 지식이 매우 부족합니다. 예를 들면 본인은 영업 위주로 하고 세무·회계 관련한 부분은 부인 또는 세무사 사무실에 맡기는 경향이 많습니다. 소기업과 소상공인의 경우에는 대다수가 그렇습니다.

창업 이후에 사업을 운영할 때 모든 활동을 경영이라고 표현합니다. 이러한 경영의 내용 중에서 객관적인 숫자로 나타나는 것을 정리하는 과정을 회계로 보면 되겠습니다.

관리회계와 재무회계

첫째, 관리회계는 경영환경 변화에 따라서 사업 전략을 수립하고 의사결정이 필요할 때 경영자가 이것을 검토하고 최종 방향을 수립하는 기초자료가 됩니다. 주 내용은 원가와 손익분석입니다. 대표자들이 어렵게 생각하는데 손익분석은 반드시 필요합니다.

여기서 원가는 직접원가와 간접원가가 있습니다. 직접원가는 특정 제품의 제조 또는 판매와 직접적으로 관련된 원가를 말하고 간접원가는 특정 제품과 더불어 다른 제품 중에도 공통으로 관련된 원가로 가령 인건비, 복리후생비라든지 제조와 관련된 기타 비용들입니다.

둘째, 재무회계는 기업 경영 활동의 결과물에 대한 관계입니다. 실적이나 재무 현황에 대한 보고서라고 보시면 됩니다. 회사를 위한 투자자나 이해관계자 그리고 주주, 임직원까지 모두 볼 수 있는 목적으로 활용됩니다. 재무회계의 중요 결과물은 재무제표입니다. 그중 재무상태표(구, 대차대조표)와 손익계산서 정도는 알고 있어야 합니다.

비상장기업 중 공인회계사의 외부감사를 받지 않는 중소기업의 경우에는 현행 일반기업회계기준 대신 간편법에 의한 회계처리규정을 적용할 수 있는데 이 기준을 '중소기업회계기준'이라 부릅니다.

많은 실무자들이 어려움을 느끼던 현금흐름표의 작성이 제외되어 있습니다. 자본변동표나 이익잉여금 처분계산서 중 택하여 작성할 수 있습니다. 또한, 주석은 권장 사항으로 작성범위가 축소되었습니다. 따라서, 작성이 어려운 재무제표는 중소기업의 편의를 위해 생략된 부분이라 볼 수 있습니다.

재무제표
중소기업의 재무제표는 기업의 경영 활동에 대한 보고서를 말하는데 재무상태표, 손익계산서, 이익잉여금 처분계산서, 자본변동표가 있으며 전체 구성을 재무제표라고 합니다. 소기업의 기준에서는 재무상태표와 손익계산서는 매우 중요합니다.

재무상태표는 어떤 특정한 '시점'에 회사가 얼마나 많은 재산을 갖고 있는가를 보여주는 기록이고요, 손익계산서는 어떤 특정한 '기간'에 회사가 얼마나 사업을 잘했는지를 보여주는 기록입니다.

재무상태표
대부분 회사는 1월 1일부터 12월 31일까지를 사업연도의 기간으로 설정하고 있습니다. 그래서 재무상태표는 매년 12월 31일이란 '시점'을 기준으로 작성됩니다. 재무상태표는 3개의 항목 자산·부채·자본으로 구성되는데, 자산은 내가 가진 재산, 부채는 남에게 빌린 돈, 자본은 순순한 내 돈이고, 즉 '자산-부채'입니다.

손익계산서

손익계산서는 일정 기간동안 발생한 수익과 비용을 기록한 경영에 대한 평가 지표입니다. 예를 들어서 회사마다 결산 기일이 다 다릅니다. 1월 1일부터 해서 12월 말일까지 통상 우리나라는 대부분 회사의 영업 기간입니다. 수익, 비용, 이익의 3개의 항목으로 구성됩니다.

기업경영자는 재무제표를 작성할 필요는 없으나 최소한 볼 줄 알아야 합니다. 그래야만 회사의 경영지표를 보고 사업체가 가야 할 방향을 보고 정상적 운영이 가능합니다.

경영이야기

재무제표에 대해 알아보기

노동은 인생을 감미롭게 해주는 것이지
결코 힘겨운 짐이 아니다
걱정거리를 가지고 있는 자만이 노동을 싫어한다.
빌헬름 브르만

용어 정의
[재무제표] 회사의 경영현황과 재산상태를 나타내기 위한 문서

19. 재무제표에 대해 알아보기

 재무제표는 매우 중요한 지표이고 기업경영자는 본인 회사를 위해서도 알아야 하고 거래 회사를 위해서도 알아야 합니다. 현재 경영을 예측할 수도 있고 거래처의 신용상태라든지 부실에 대한 여부도 알 수 있게 됩니다.

이번 장에서는 재무상태표와 손익계산서를 좀 더 살펴 보겠습니다.

재무상태표

재무상태표(Balance Sheet : B/S) 과거 대차대조표라 하였고 자산, 부채, 자본은 어떤 변동사항이 있는가를 보는 것으로 이해하면 좋겠습니다. 그러나 중소기업의 현실은 경영학을 공부한 사람 외에는 거의 알지 못합니다. 제가 만난 수많은 회사의 대표님들은 모르고 있습니다. 한마디로 말해서 감이 오지 않는다. 다시 말해서 어렵고 모르는 겁니다.

재무상태표는 세 가지를 이해하면 됩니다. 자산, 부채, 자본이 그것입니다. 자산은 회사의 재산이라고 보면 됩니다. 부채는 그 재산을 이루는 과정에서 지불해야 할 남의 돈이고, 자본은 바로 내 돈입니다.

예를 들어 회사의 자산이 10억원입니다. 부채가 5억원, 자본이 5억원이면 회사의 총재산은 10억원이고 회사가 타인 또는 금융기관을 통해서 매입채무 등 부채, 즉, 갚아야 할 돈이 5억원, 순자본은 나머지 5억원이 됩니다. 여기서 내 돈은 자본금에서 플러스 이익이 나면 이익 잉여금입니다. 어렵게 생각하면 굉장히 어려운데 어려운 건 아닙니다. 사실은 용어가 어렵죠.

자산

자산은 유동자산과 비유동자산으로 나눠집니다. 부채도 유동과 비유동으로 나눠진다고 알고 계시면 되고 유동과 비유동의 차이는 1년 이내냐 1년 이상이냐에 대한 기준점이 있습니다.

자산으로 보면 1년 이내 처분해서 자산화 가능한 것은 유동자산, 1년 이상 장기로 걸리는 자산은 비유동자산이고 부채도 마찬가지입니다. 1년 이내에 갚아야 할 돈은 유동부채, 비유동부채는 1년 이상에 대한 장기 부채입니다. 그래서 자산은 1년 이내의 단기 자산 즉, 1년 이내에 처분해서 재산으로 만들 수 있는 유동자산은 현금성자산, 매출채권, 재고자산이 대표적입니다.

현금성 자산은 통장이라든지 현금으로 바로 연결되는 것들이고, 매출채권은 우리가 매출이 발생하고 돈을 받잖아요. 한 달 뒤든 당월이든 또는 3개월이든 1년 이내입니다.

예를 들어서 의류를 판매하는 회사라면 싼값에 재고자산을 팔면, 빠른 시간에 현금화시킬 수 있습니다. 이 세 가지를 유동자산이라고 하는데 꼭 기억하시기 바랍니다.

비유동자산은 장기 보유 목적인데요. 오래 걸리는 것들입니다. 쉽게 말해서 토지라든지 건물은 금방 안 팔립니다. 그런 비유동자산의 형태로는 유형자산, 무형자산으로 분류할 수 있고 우리가 알고 있는 산업재산권 등 기타 투자자산, 장기성채권이 다 포함됩니다.

부채

부채를 살펴보면 우선 유동부채의 대표적인 것은 은행이라고 볼 수 있습니다. 은행은 통상 1년 단위로 계약을 합니다. 만약 연장되면 얼마를 갚고 다시 연장해 주고 이렇게 운영합니다. 1년 단위로 봐야 하는데 그래서 은행 거래가 참 어렵습니다.

비유동부채는 1년 이상으로 주로 정책자금 즉, 중진공과 소진공에서 빌리는 자금을 말합니다. 대부분 3~5년 장기입니다. 그런 자금 들은 안정적인 특징이 있습니다. 「또한, 부채비율이 높으면 금융기관 거래에 문제가 있을 수 있다는 것을 누구나 알죠.」

자본

자본은 자본금과 잉여금으로 나눠집니다. 자본금은 그야말로 회사에 출자한 돈입니다. 현금으로 들어오는 게 원칙이고 필요에 따라서 현물도 가능합니다. 최초에 설립할 때 들어온 설립 자본금 중간 중간에 자본을 증자했을 때의 유상증자가 그것 입니다.

회사가 결산하고 이익이 남은 것을 이익잉여금이라고 하는데 그것을 처분하지 않으면 계속 잉여금이 쌓여 있게 됩니다. 당기 순이익의 결과치라고 보면 됩니다. 회사는 자본의 비중이 높으면 좋은 회사입니다. 자본의 합계를 가지고 그 회사를 평가하는 경우가 많습니다. 자산이 10억원짜리 재산을 형성하고 있는 회사가 자본금이 9억원이고 부채가 1억원이면 매우 좋은 회사입니다.

반대로 부채가 9억원이고 자본이 1억원이면 갚아야 할 게 너무 많고 회사운영이 어렵겠죠.

그래서 재무상태표를 보고 우리가 어떤 정보를 캐치를 해야 하는데 대표적인 게 유동성, 운전자금, 차입 내역 등을 볼 수 있어야 합니다.

유동비율

유동비율은 기업이 유동성이 있느냐 현금이 잘 흐르고 있느냐로 이해하면 됩니다. 그래서 유동이라는 시간적 의미는 1년 이내입니다. 1년 이내에 처분할 자산을 나누기 1년 해서 1년 안에 갚아야 할 부채를 나누면 유동비율이 나옵니다.

100% 기준으로 했을 때 단기지급 능력을 판단하는데 100% 이상이면 어떨까요. 100% 이상으로 높아질수록 부채 비중이 줄어든다는 겁니다. 당연히 부채 비중이 줄어드는 게 좋습니다. 그러면 200%, 300%, 400%는 부채를 갚고도 그만큼 여력이 있다는 것으로 아주 좋은 것입니다.

유동비율 = 유동자산/유동부채*100

통상 200% 정도가 굉장히 안정적인 회사라고 봅니다. '유동비율' 그래서 비율이 높을수록 양호한 것입니다. 즉, '유동비율이 높은 회사는 건강한 회사다.' 이렇게 정리할 수 있겠습니다.

부채비율

> 부채비율 = 부채총계/자본총계*100

부채비율은 통상 200% 이하는 양호하다고 봅니다. 반면 200% 이상이면 불량하게 보고 특히 중진공에 자금을 신청할 때 부채비율 평균이 450%이상이 되면 아예 접수도 안 됩니다. 그러니까 회사의 부채가 100%면 양호, 200%까지는 괜찮게 보는 건데 그 이상이면 금융기관에서 좋게 안 봅니다. 이 회사는 부채가 많아서 회사가 위험하다 신용등급 평가 시 불리하게 작용할 수 있다고 할 수 있습니다. 그래서 유동비율과 부채비율에 대한 이해가 중요합니다.

손익계산서

손익계산서(Income Statement : I/S)는 일정 기간동안 회사가 달성한 경영성과를 나타내는 보고서이며, 경영성과란 일정 기간에 실현된 수익에서 발생된 비용을 차감하여 순이익을 산출한 것입니다.

손익계산서 구성요소

매출총이익, 영업이익, 경상이익, 당기순이익 등 이익 항목을 중심으로 구성되어 있다. 일정기간 동안 기업의 경영성과를 나타내는 동태적 보고서입니다.

손익계산서의 영업이익은 영업활동에서 벌어들인 현금액을 의미하며, 당기순이익은 수익에서 비용을 차감하여 계산하며 재무상태표의 이익잉여금으로 대체된다.

손익계산서에서의 주요비율에 대해 요약하면 다음과 같습니다.

영업이익률

> 영업이익률 = 영업이익/매출액 * 100

영업이익률은 판매 마진을 의미합니다. 영업이익률이 높은 회사들은 우수한 기업입니다. 회사가 정상적인 사업활동을 하고 이익을 낸다는 것은 영업이익이 좋다는 의미입니다. 이익을 내야 이자도 낼 수 있고 투자도 받을 수 있고 세금도 낼 수 있으며 정상적인 경영 활동이 가능합니다.

이런 부분에서 보면 사실 당기순이익을 매우 중시하는데 숨어있는 게 있습니다. 당기순이익에는 영업 외적으로 벌어들인 수익이 포함되어 있습니다.

임대료 수입이라든지 아니면 자기가 본업과 무관하게 뭔가를 했는데 그게 소득이 들어 온 경우를 다 '영업외이익'에 포함합니다.

실제로 회사는 영업이익이 매우 중요합니다. 본업에서 일년간 이익을 내지 못하면 안되겠죠. 그러니까 주 사업과 관련된 게 영업이익인 것이고 당기순이익은 영업외 이익과 비용이 포함돼 있다고 보면 됩니다.

이자보상비율

이자보상비율은 영업이익으로 회사가 이자를 감당을 할 수 있느냐 없느냐의 여부를 보는 것입니다.

$$이자보상비율 = 영업이익 / 이자 비용 * 100$$

1을 기준으로 높을수록 우수하고 그 이하면 문제가 있다고 보는 겁니다. 예를 들어서 영업이익이 5천만원일 경우 이자가 5천만원이면 1이고 영업이익 낸 것 가지고 이자를 다 갚아야 하고 회사에 남는 게 없습니다. 영업이익이 만약에 1억원이고 이자가 5천만원이면 1년 치 이자가 매달 416만원 들면 약 5천만원이 되겠죠. 그러면 2입니다. 그러면 이자 갚고 5천만원 남는 겁니다. 세전 이익이라고 하죠.

그래서 법인세 내기 전 또는 소득세 내기 전 이익이 중요합니다. 우리나라의 많은 회사 약 40%가 이자를 못 내는 것으로 알고 있습니다. 1년 영업을 해서 40% 정도의 회사는 이자도 낼 수 없는 이런 기업을 좀비기업이라고 부릅니다. 안타까운 현실입니다.

중소기업은 더 심각하여 거의 절반 가까이 차지한다고 보면 됩니다. 일년 내내 영업해서 고생하고 노력했는데 이자로 낼 돈이 없어 이자 내고도 남는 게 하나도 없습니다. 은행에 빌리든 어떤 정책자금을 받았든 간에 이자는 발생하는 거니까요. 이자가 매달 300이면 1년이면 3천만원이 넘습니다. 본 사업에서 매출액에서 원가를 빼고 나는 이익이 매출 이익이라고 하는데 거기서 비용을 빼면 영업이익이 됩니다.

중소기업의 현실은 영업이익이 마이너스 나는 회사가 꽤 많습니다. 영업손실이라고 합니다. 이것은 자본금을 까먹는 상태입니다. 자본잠식이 일어나면 금융권 거래가 어려워집니다.

매출채권회전율

매출채권회전율은 회사가 1년간 매출채권이 현금으로 회수되는 속도를 의미합니다. 기업이 얼마나 활동적인가를 보는 것입니다.

> **매출채권회전율 = 매출액 / 매출채권**

예를 들어서 A회사가 매출액 100억원, 매출채권 50억원인 경우 매출채권회전율은 2임을 계산해볼 수 있고, B회사가 매출액 100억원, 매출채권 10억원인 경우 매출채권회전율은 10임을 알 수 있습니다. 이 경우 동일한 조건을 가정하였을 때 남은 매출채권이 많은 A회사가 B회사보다 부실채권이 많아서 현금회수가 더 느리다는 것을 알 수 있습니다.
매출채권이 적을수록 좋습니다. 외상매출이 남아 있으면 좋을 것 없다는 뜻입니다.

수금을 제때 못하는 회사들이 많습니다. 손익계산서로 보면 알 수 있습니다.

경영지표

재무상태표와 손익계산서는 경영지표입니다. 경영의 지표를 볼 수 있는 눈이 있어야 합니다. 본인 회사를 위해서 거래하는 상대 회사를 평가하기 위해서 경영지표를 볼 줄 알아야 합니다. 거래회사가 이자도 못 내는 회사면 거래하기 불안합니다. 또한, 그런 회사가 안 되도록 노력도 해야 하는 거지만 새로운 회사와 계약을 할 때는 상대방 회사의 재무제표를 떼어볼 필요가 있습니다.

재무제표는 누구든 볼 수 있습니다. 기업신용평가회사에서 제공이 됩니다. 외감기업은 전자 공시로 볼 수 있습니다. 크레탑, 나이스디앤비, 나이스도 있고, 이크레더블은 건설업이 강하고 각 정보제공회사 별로 특징이 있습니다. 일부 회사에서는 무료로 조회할 수 있는데 건당 또는 연간 사용료를 지불해야 합니다.

거래기업의 해마다 추이를 봐야 하고 특히, 새로운 회사와 거래했을 때는 반드시 재무제표를 확인해야 합니다. 신규 기업과 거래할 때 돌다리를 두들기고 가는 거랑 그렇지 않은 거와는 천지 차이입니다. 지피지기 백전백승 아니겠습니까?

재무제표는 매우 중요한 경영 지표이고 기업 경영자는 꼭 알아야 하고 자사와 거래처를 위해서도 알아야 합니다. 경영분석을 통해 미래를 예측할 수 있고 거래처의 신용상태 및 부실 여부도 알 수 있습니다.

경영이야기

세금은 경영의 필수

기억해 내는 힘이 아닌 잊는 힘이야말로
우리들이 살면서 더 필요한 것이다
쇼렘 아쉬

용어 정의
[세금] 국가 또는 지방자치단체에서 필요한 경비로 사용하려고 강제로 거두어들이는 금전

20. 세금은 경영의 필수

법인은 법인세, 개인은 소득세 이렇게 연간 결산하여 내는 세금이 있고 매출과 매입에 관련된 세금은 부가세 또는 부가가치세라고 합니다.

부가가치세
부가가치세는 상품의 거래나 서비스의 제공 과정에서 발생하는 부가가치 이윤에 대해서 과세하는 세금입니다. 그래서 부가세는 개인이나 법인이 가져갈 수 있는 돈은 아니고 결국은 나라에 낼 돈입니다.
기업 간에 거래를 하면 공급가라는 용어를 사용합니다. 공급단가라는 말입니다.
재무제표의 매출액은 부가세별도 매출을 말합니다. 절대 부가세가 포함된 매출이 아닙니다. 예를 들어서 500만원 계산서를 발행했는데 550만원이라고 합니다. 50만원은 과세용이고 500만원이 거래 공급가격입니다.

과세자는 일반과세자와 간이과세자 있고 통상 법인은 일반과세자입니다. 개인사업자는 일반과세자와 간이과세자로 나눠지는데 간이과세자는 영세한 사업장이라고 보면 되고 세금계산서 발급을 할 의무가 없으며 발급도 안 됩니다. 이곳을 제외하고 나머지 일반적인 업종에 일반 과세자료를 보면 공급가액의 10%를 곱해서 계산서를 받는 겁니다.

부가세는 부가세 신고 기간에 내고 법인은 1년에 4회, 개인은 2회 신고하면 됩니다.

매입세액불공제

과세에는 매입세액불공제라는 항목 있습니다. 매입세액으로 인정을 받아서 공제를 받느냐 못 받느냐는 것인데 매입자료는 매입세액으로 인정받게 됩니다.

통상적으로 인정 못 받는 부분을 하나 예시를 들어볼게요. 사업자등록 전에 매입세액도 인정받을 수 있습니다. 20일 이내에 가능합니다. 만약에 10월 1일에 사업자를 냈으면 그로부터 20일 이내 건 인정받고 그 이상의 초과한 것은 인정을 아예 못 받습니다.

접대비는 매입세액 당연히 인정 안됩니다. 영업용·사업용만 인정되는 승용차 소형차가 있고 비영업용 승용차 구입한 것은 인정이 안됩니다.

법인세와 소득세

법인이 내는 세금은 법인세, 개인이 내는 세금은 소득세입니다.

우리나라 법인은 주식회사, 유한회사, 합명회사, 유한책임회사 등이 있는데 90% 이상 압도적으로 많은 주식회사 기준으로 살펴보겠습니다.

세금은 사업연도 기간에 벌어들인 수입을 세금으로 내는 겁니다. 개인사업자는 다음연도 5월말 이내, 성실신고사업장은 6월말 이내 내면 됩니다. 법인의 경우는 조금 다릅니다. 대부분 3월 말로 알고 있습니다만 그건 아닙니다.

어떤 회사의 영업년도는 3월부터 시작해서 익년 2월로 끝나는 회사도 있습니다. 통상 1월부터 12월로 사업연도가 끝나는 곳들이 많다 보니 12

월에 끝나고 3개월 이내로 법인세 신고하고 납부합니다. 무조건 3월 말에 내는 건 아닙니다. 회사마다 정한 기간이 다릅니다. 정관에 표기하게 되어있습니다. 간혹, 수출하는 회사들 보면 7월 1일부터 익년 6월 1일로 하는 경우도 많아요. 그런 회사는 6월을 지나서 7, 8, 9월 말까지 법인세를 내야 하는 거죠. 3개월 이내에 사업 종료일로부터 신고하고 납부하는 것입니다.

당기순이익과 조정과정

결산이란? 일정한 기간 안에 일어났던 수익과 비용을 계산하여 재산상태를 알 수 있도록 서류를 작성하는 일입니다. 그러면 당기순이익이 나옵니다. 당기순이익에서 비용으로 인정받을 거는 빼고 비용으로 인정받지 못하는 거는 더하면 사업 연도소득이 산출됩니다. 그냥 당기순이익에 세금을 부과하는 게 아닙니다.

여기에 추가로 조정과정을 거치는 데 이를 세무조정이라고 합니다. 보통 세무조정의 개념을 사람들이 잘 모릅니다. 세무사가 대리하여 장부를 보고 법인세법에 의거해서 비용으로 인정받고 못 받는 것을 구분하고 조정합니다. 법인세를 내야하기 때문에 법인세법 기준으로 조정을 1년에 한 번씩 하는 겁니다. 이것으로 인해 조정료라는 명목으로 세무사에게 돈을 지급해야 합니다. 매출에 따라 지급해야 할 조정료는 달라질 수 있습니다. 그래서 이익금과 손실금을 가감하고 과세할 금액을 정하는 겁니다.

만약, 결손금이 있다면 결손금은 빼야 하고 비과세 소득이 있으면 비과세로 빼야 하고 소득공제도 적용해야 합니다. 이 조정과정을 거친 후 회사의 과세 표준이 계산됩니다.

세금을 줄이는 방법

당기 순이익이 1억원인데 세무사가 정리해 주면 1억원이 1억1천만원이 될 수도 있고 9,500만원이 될 수 있습니다. 예를 들어 9,500만원이라 할 때를 가상으로 정리해 보면 다음과 같습니다.

당기순이익이 1억인데 세무사 조정 후 비용으로 인정 안 되는게 예상보다 많았다는 것을 의미합니다. 9,500만원에서 비과세 각종 소득공제 등 모두 차감하면 과세 표준이 7,600만원으로 될 수 있습니다. 법인의 경우, 7,600만원 당기 순이익이면 2억 이하 적용 10% 정도 세금을 부과하게 됩니다. 10%면 760만원이 법인세가 되는 것입니다.

기타 세액공제율을 계산하면 추가 절감하게 되는 데 각종 세액공제로 대표적인 게 연구인력개발 세액공제입니다, 기업부설연구소(연구개발전담부서 포함)에서 인건비 기타 등등을 적용하면 법인세금이 줄게 됩니다. 이런 세액공제나 소득공제 받을 게 많아야 합니다. 그게 법인세를 절감할 수 있는 노력과 방법입니다. 그러면 법인세 부담금액은 떨어지게 할 수 있습니다. 만약에 사전에 기부한 내용이 있다면 그것도 빼주는 건 당연한 것이고 그래서 법인은 비용이 인정됩니다.

우리나라 법인세율은 2억원 이하 10%, 2억~200억원 이하 20%, 200억원 초과~3,000억원 이하 22%, 3,000억원 초과 25%가 적용되고 있습니다. 소득세율은 과세표준 기준은 1,200만원 이하 6%, 1,200만~4,600만원 15%, 4,600만~8,800만원 24%, 8,800만~1억5,000만원 35%, 1억5,000만~3억원 38%, 3억~5억원 40%, 5억~10억 42%, 10억원 초과 시 45% 세율로 2021년부터 변경되었습니다. 주민세를 포함하는 경우 49.5%로 10억을 초과하는 소득인 경우 절반이 세금으로 나가게 됩니다. 그래서 세금을 줄이기 위해 법인을 하는 경우가 많습니다.

법인세 감면 요소는 청년창업인지 여부와 사업장 소재지별 법인세 차이가 큽니다. '과밀억제권역과 그렇지 않은 지역과의 차이' '창업중소기업 감면, 중소기업 특별세액 감면 그다음에 벤처기업 감면' 등이 있습니다. 결국에 사업자가 제일 어려워하는 부분이 세금에 대한 이해를 못하기 때문입니다. 그러나 이런 부분을 잘 인지하고 있으면 절세가 가능하고 예측 경영이 됩니다.

> 세금을 줄이기 위해 법인을 하게 되는데 각종 세액공제를 받을 게 많아야 합니다. 그것이 법인세를 절감할 수 있는 방법입니다.

경영이야기

마케팅전략은 디지털시대에 맞게

희망은 어둠 속에서 시작된다.
일어나 옳은 일을 하려 할 때 고집스러운 희망이 시작된다.
새벽은 올 것이다
포기하지 말라
앤 라모트

용어 정의
[마케팅] 소비자의 수요를 만족시키기 위해 상품(서비스)를 효율적으로 제공하기 위한 활동

21. 마케팅전략은 디지털시대에 맞게

예전에는 마케팅이라는 용어보다 판매라는 말을 많이 사용했습니다. '판매를 잘해야 하고 판매 관리를 잘해야 한다.'라는 말을 했습니다. 오늘날에는 마케팅이라는 말을 더 많이 사용하고 있습니다.

마케팅 전략은 마케팅의 목표를 이루기 위하여 여러 가지 판매 활동을 하는 것을 의미합니다. 마케팅은 결국은 자사의 제품이나 서비스를 잘 팔기 위한 수단이고 프로세스라고 볼 수 있습니다.

마케팅의 핵심

첫째, 우리의 고객이 누구인가가 정의하는 게 가장 우선입니다. 그 이전에 뭐가 또 필요할까요. 누구를 우리 고객으로 할 것인가의 타킷(목표)을 정하는 겁니다. 그런 다음 목표 시장을 파악해야 합니다.

둘째, 목표 시장을 세분화합니다. 시장 내 진짜 고객이 누구인가? 를 보는 겁니다.
넓은 범위로 보면 경제, 산업, 시장규모 등으로 접근하여 전체 시장 안에서 자사의 고객이 누군지를 보는 게 중요합니다. 직접 제품과 서비스를 구매하는 고객이라 할 수 있습니다.

셋째, 자사 제품(서비스)의 판매전략을 가격과 이미지를 포지셔닝하여 그래프에 표시하고 경쟁자를 확인하고 생존과 성장을 위한 전략을 수립해야 합니다.
STP가 수립되었으면 제품, 가격, 유통, 프로모션을 적절하게 잘 구사하는 4P 마케팅전략을 세워야 합니다. 요즘의 마케팅은 예전에 비하면 고비용이 들지 않습니다.

디지털시대의 마케팅전략

디지털시대의 마케팅전략은 SNS 마케팅, 검색 마케팅, 콘텐츠 마케팅, 인플루언서 마케팅, 이메일 마케팅, 챗봇 마케팅 등이 있는 데 자사의 강점을 활용한 디지털 마케팅을 활용하는 게 효과적인 방법입니다.

예전에는 비용이 많이 들었지만 요즘은 굳이 그럴 필요는 없고 SNS 마케팅 중 유튜브, 인스타그램, 페이스북 등을 수단으로 사용하면 됩니다. 그중 유튜브가 가장 효율적이고 고객이 우리 상품과 서비스를 유튜브에 홍보해준다면 가장 효과적인 방법입니다.
앞으로는 고객 활성화를 위한 노력을 다해야 한다고 생각합니다.

자사의 직원이 온라인 SNS 마케팅을 위해 상품을 등록하거나 대행업체나 협력업체가 올리는 것도 할 수 있는 일이지만 실제 구매한 소비자나 기업에서 홍보해준다면 최상이라고 봅니다.

그래서 최근 중요시되는 ESG(기업의 비재무적 요소인 환경, 사회, 지배구조), CSR(기업의 사회적 책임)을 통해 기업의 이미지를 좋게 하고 잘 만들어준다면 고객은 기업의 가치를 올려줄 것이고, 충성도는 올라갈 뿐만 아니라 고객이 우리 상품에 대해서 지속 홍보해줄 것 입니다. 그게 가장 효과적인 마케팅이라고 생각합니다.

디지털시대의 마케팅전략은 SNS 마케팅, 검색 마케팅, 콘텐츠 마케팅, 인플루언서 마케팅, 이메일 마케팅 등이 있는 데 자사의 강점을 디지털 마케팅에 활용하는 게 효과적인 방법입니다.

경영이야기

기업에서 받아야 할 인증 4가지

착한 일은 작다 해서 아니하지 말고,
악한 일은 작다 해도 하지 말라.
명심보감

용어 정의
[인증] 어떠한 문서나 행위가 정당한 절차로 이루어졌다는 것을
공적 기관이 증명함

22. 기업에서 받아야 할 인증 4가지

　중소기업이 일정 요건을 갖추면 심사를 통과하여 받을 수 있는 인증이 많습니다. 인증을 받았다는 것은 각종 지원제도에 따른 혜택을 부여한다는 뜻을 의미합니다.

　중소기업 경영자는 기업인증에 관심을 가져야 합니다. 중소기업 현장에서 대표님들은 '열심히 물건 팔아서 남기고 직원 월급 주고 좀 남으면 되지' 그렇게 생각하는 분들이 있습니다.

사업의 영역을 너무 좁게 보는 것입니다. 사업하는 사람은 거창하게 국가의 미래에도 관심을 가져야 합니다. 첫 번째, 본인과 가족, 두 번째 지역 사회 더 나아가서는 국가 발전과 인류에 이바지한다는 사명을 가지라고 말하고 싶습니다.

기업부설연구소(연구개발 전담부서)

기업이 취할 인증의 종류는 업력별, 업종별, 분야별로 다양하게 있습니다. 창업 초기기업은 기업부설연구소(연구개발전담부서)와 벤처확인만큼 좋은 건 없습니다.

어떤 점이 좋을까요? 결론은 세금 혜택을 많이 받을 수 있습니다. 그리고 자금을 조달할 때도 큰 도움이 됩니다. 초기기업이 어려운 게 뭔가요. 자금이 없고 인력 없고 만약에 매출 많이 나온다면 세금 내고 나면 남는 것이 없더라 이런 겁니다. 그런 부분에서 상당 부분 지원받을 수 있는 혜택이 많으므로 연구소를 먼저 설립하는 게 좋습니다.

연구소란? 자체적으로 만들어 운영하는 연구실이 아니라 한국산업기술진흥협회(KOITA)에서 인정해주는 기업부설연구소를 말합니다. 사업장의 인력규모가 작으면 연구개발전담부서를 만드는 것을 권합니다. 연구소는 기술 인력의 시작이고 인건비 세액공제 등의 혜택이 어마어마 합니다. 자세한 내용은 한국기술산업진흥협회 홈페이지에서 참고하세요.

벤처기업확인

벤처기업의 큰 혜택은 창업하고 3년 이내에 벤처기업을 받으면 향후 5년 간 법인은 법인세, 개인사업자는 소득세 50%의 감면 혜택을 받습니다.

세금을 많이 내는 회사는 엄청난 혜택입니다. 벤처기업이 사업용 재산을 취득했을 때 취득세 75% 감면, 재산세는 최초 벤처 확일로 부터는 3년간 면제, 이후 2년간 50% 감면 혜택도 있습니다. 이뿐만 아니라 세제, 금융, 창업, 입지, 특허, 인력, 광고까지 총 40가지 이상의 혜택이 있는데 자세한 내용은 한국벤처기업협회 홈페이지에서 참고하면 됩니다.

이노비즈

이노비즈란? Innovation(혁신)과 Business(기업)의 합성어로 기술 우위를 바탕으로 경쟁력을 확보한 기술혁신형 중소기업을 지칭합니다
이노비즈는 창업한 지 3년 지난 회사가 해당이 됩니다. 기술력 있는 회사 그래서 이름하여 기술혁신형 중소기업이라고 하고 줄여서 이노비즈(INNOBIZ) 인증기업이라고 합니다.

그래서 기술력 있는 회사 그리고 앞으로 미래에도 성장할 수 있는 회사를 밀어주는 제도입니다. 국가에서 R&D 가산점이라든지 금융이나 인력지원 혜택이 많고 이노비즈 홈페이지에 들어가서 신청절차와 혜택을 참고하시면 됩니다. 특히, 제조업과 IT업종 회사들이 인증받기 유리하고

도·소매업종은 어렵다고 할 수 있습니다.

메인비즈

메인비즈는 중소벤처기업으로부터 경영 혁신형 중소기업으로 인증받은 기업을 뜻합니다. 중소기업을 육성하기 위해 정부에서 지원하는 사업입니다. 도소매 업종은 도전해 볼 만합니다.

메인비즈(Main-Biz) 인증기업은 경영을 보다 혁신적으로 하고 있다고 인정받는 것이고 기술이나 자금 판로 같은 부분에 대한 지원 사업에 연계가 됩니다.

마찬가지로 3년 이상 된 기업이 대상입니다. 특히, 조직 혁신과 마케팅 혁신에 관심을 둔 사업입니다. 메인비즈 홈페이지에 들어가서 신청절차와 혜택을 참고하시면 됩니다.

> 창업 3년 이내기업은 기업부설연구소, 벤처기업확인을 받고 3년이 지나면 이노비즈와 메인비즈인증을 받으면 금융, 세제 등 다양한 혜택을 받을 수 있고 기업의 경쟁력을 강화할 수 있습니다.

경영이야기

조직관리 할 수 있을 때까지 살아남기

꿈은 머리로 생각하는 게 아니라
가슴으로 느끼고 손으로 적고 발로 실천하는 것이다.
존 고다드

용어 정의
[조직] 개인이 완수할 수 없는 목적을 달성하기 위한 여러 사람의 구조를 지닌 협동 체제

23. 조직관리 할 수 있을 때까지 살아남기

조직관리는 조직 공동의 목표를 달성하기 위해 만들어진 조직의 시스템과 내부조직 구성원들을 효율적으로 관리하고, 공동의 목표를 향해 나아가게 하기 위한 전략과 전술을 말합니다.

조직관리는 조직구조를 관리하고 인력관리를 동시에 해야 합니다. 가장 중요한 것은 사람이고 사람이 누구인가에 따라 조직구조도 바뀝니다.

잘할 수 있는 조직구조가 설계되면 어떻게 일을 할 것인가와 어떤 책임과 과업을 부여할 것인가에 대한 그 직무구조를 세워야 합니다.

창업초기 직원채용 방법

창업 초기에는 새로 직원을 채용하고 교육하고 유지해야 하는 데 소규모 사업장은 사람을 뽑는 게 매우 어렵습니다. 설령, 뽑혀도 장기근속이 안 됩니다. 그리고 잘못 쓰면 큰일 나기 때문에 신중할 필요가 있습니다. 아이러니하게도 장기근속하는 직원의 특성은 능력이 없거나 월급에 만족하는 경우가 많습니다. 그래서 초기에는 본인과 잘 아는 사람들로 인력 채용을 하게 됩니다. 그러므로 초기에는 창업자 본인이 잘 알고 있는 선배·후배·가족들하고 일하는 게 훨씬 능률적입니다. 어려운 시기에는 서로 이해하고 동고동락할 수 있어야 합니다. 그런 과정이 좀 지나고 어느 정도 규모가 되면 그때 신규 인력을 채용하면 됩니다.

만약에 우수한 직원이 입사해도 오래 못 다니는 것을 시간이 흐르면 알게 됩니다. 그러면서 시간을 낭비하죠. 시간 낭비, 돈 낭비 그리고 또 새로운 사람 채용하고 또 가르치고 알려줘야 하는 과정이 반복되기도 합니다. 그래서 처음에는 대표 스스로 일을 더 해야 하고 사람이 꼭 필요할 때 채용해야 합니다. 가능하면 당분간 자리 잡을 때까지 파트너 체제로 가는 것이 좋습니다.

파트너 체제

고정비 부담을 줄이지 못하면 1년도 못 버티고, 6개월채 버티지 못하는 경우도 많이 봤습니다. 급여가 밀린다거나 갈등이 생겨 어려움에 처하게 되죠. 파트너와 역할 분담을 하여 고정비에 대한 부담을 확실히 줄여야 합니다.

> 사업초기에는 창업자 스스로 일을 더 해야 하고, 사람이 꼭 필요할 때 채용해야 합니다. 가능하면 자리 잡을 때가지 파트너 체제로 가는 것이 고정비를 줄일 수 있습니다.

경영이야기

정책자금을 받으려면

가장 바쁜 사람이 가장 많은 시간을 가진다.
부지런히 노력하는 사람이 결국 많은 대가를 얻는다.
알렉산드리아 피네

용어 정의
[정책자금] 목적을 달성하기 위하여 각종 기금이나 정부 예산에서 지원해 주는 대출 자금

24. 정책자금을 받으려면

앞장에서 창업 초기에는 대표 혼자 또는 직원 1명으로 사업을 시작하는 것이 좋다고 언급했습니다. 그 시기는 사업의 모든 영역을 대표 본인 또는 동고동락한 사람과 같이 고민하고 결정해야 합니다. 다시 말해서 영업과 관리 모든 분야를 다해야 하는 것입니다. 심지어 경리 업무까지 다 봐야 합니다.

창업 초기는 자금애로
4장에서 창업 자금을 준비하는 절차와 방법에 대해서 언급한 바 있습니다. 다시 언급하면 자금은 본인이 창업 초기에 준비한 자금도 있겠지만 정부에서 중소기업을 위해 특별히 지원하는 자금 즉, 정책자금이 있으며 정부에서 중소기업을 육성하기 위해서 저리와 상환조건을 우대해주어 자금을 조달해주는 제도로 대표적인 기관이 중소벤처기업진흥공단, 소상공인시장진흥공단, 신용보증기금, 기술보증기금, 신용보증재단 등이 있습니다.

자금의 종류에는 시설자금과 운전자금으로 나눌 수 있으며 자금을 조달할 때 은행을 가장 마지막으로 하는게 좋습니다. 이유는 이자가 높고 조건이 불리하기 때문입니다. 여기서 조건이란 상환 조건을 얘기하는 겁니다. 단기 상환이라 재무제표에 단기 부채로 들어갑니다.
재무제표상 단기 차입금 쪽에 은행에서 융자한 자금이 기록이 됩니다. 그러면 회사의 유동성이 떨어지게 되어 재무적으로 불안정한 평가를 받습니다. 반면, 장기 차입금은 1년 이상 이상으로 특히, 중진공 같은 경우는 기본 5년입니다. 급하게 갚아야 될 돈이 아니며 비유동부채로 표기됩니다. 그래서 재무제표 관리가 중요하다고 말씀드리는 것입니다.

은행 자금은 여러모로 불리합니다. 만약 회사 문을 닫더라도 은행은 대표자를 힘들게 합니다. 반면, 중진공 같은 기관은 기본적으로 중소기업의 입장을 어느 정도 이해한다고 보면 됩니다. 하지만 은행은 이해하지 않습니다. 특히 제2 금융권, 저축은행과 캐피탈 쪽과의 거래는 채무불이행시 심각한 문제로 연결될 수 있습니다.

중소기업진흥공단과 소상공인시장진흥공단
운전자금이나 시설자금을 받을 수 있는 추천 1순위 기관으로 중소벤처기업진흥공단(중진공)과 소상공인시장진흥공단(소진공)로 나눠집니다.

쉽게 말씀드리면 규모가 작은 소상공인은 소진공에서 지원을 받고 그 이상은 중진공에서 지원을 받는다고 이해하면 됩니다.

일반적으로 제조업과 건설업은 상시근로자 10인 이하, 도소매는 5인 이하인 경우 소진공에 해당됩니다. 중진공은 그 이상인 경우에 해당합니다. 중진공의 특징은 기간이 길다는 점입니다. 보통 5년이상입니다.

중소벤처기업진흥공단(www.kosmes.or.kr)은 창업기업을 대상으로 창업기업, 재창업, 청년전용창업으로 구분하여 지원 합니다.

소상공인시장진흥공단(www.semas.or.kr)은 소상공인의 성장기반 마련 및 경영안정을 위해 다양한 정책 자금을 지원합니다.

신용보증기금과 기술보증기금

신용보증기금과 기술보증기금은 똑같이 보증을 원칙으로 하는 곳입니다. 기금은 보증을 해주고 은행에서 실제 자금을 융자하는 것입니다. 은행에서는 기업(대표자 포함)이 보증 능력이 없으니까 보증기관을 통해 보증서를 발급받았을 때 자금을 지원해 주는 방식입니다. 신용을 담보로 하는 신용보증기금, 기술을 담보로 하는 기술보증기금으로 구분합니다.

앞서 기술 창업이 매우 중요하다고 말씀드렸습니다. 이런 이유입니다. 간략히 두 보증기금을 구분해보면 신용보증기금은 매출실적이 중요합니다. 매출기준 그리고 개인의 신용등급이 중요합니다. 반면 기술보증기금은 특허 보유, 핵심 역량, 기술 능력을 많이 봅니다.

자금을 잘 받기 위해서 주의할 점

첫 번째 개인 연체 이력 신용 관리를 잘해야 됩니다. 두 번째 융자를 제한하는 업종이 있습니다. 거기에 해당되지 않아야 됩니다. 세 번째 융자 제한 부채비율(부채총계/자본총계*100)이 있습니다. 회사의 부채비율을 의미하는데 정책자금을 빌려주는 기관에서는 평균 400에서 500% 사이를 초과하면 융자제한에 해당된다고 보면 됩니다.

> 창업초기 대표자는 모든 것을 결정하고 판단할 수 있어야 하는 외로운 시기입니다. 닥쳐 올 자금상황을 대비하기 위하여 기술력과 신용등급, 부채관리에 주의를 기울여야야 합니다.

경영이야기

보증기관 알아보기

> 변화에서 가장 힘든 것은 새로운 것을
> 생각해내는 것이 아니라 이전에 가지고 있던
> 틀에서 벗어나는 것이다.
> 존 메이너드 케인스

용어 정의
[보증기관] 중소기업의 채무를 보증하여 자금융통과 신용질서를
위해 설립된 준정부기관

25. 보증기관 알아보기

　중소기업의 신용과 기술을 보증해주는 기관에는 규모에 따라 신용보증기금과 신용보증재단 그리고 기술보증기금이 있습니다.

신용보증재단은 주로 서울, 경기 등 지방의 소상공인과 소기업을 대상으로 하고, 신용보증기금은 더 큰 규모의 기업을 대상으로 신용보증업무를 합니다.

매출액 5억원 이하면 신용보증재단, 5억원 이상이면 신용보증기금 또는 기술보증기금을 이용하면 됩니다.

신용보증기금

신용보증기금(신보)은 자금조달에 애로를 겪는 중소기업이 금융기관으로부터 자금대출을 받을 수 있도록 대출보증과 지급보증의 보증, 사채보증, 납세보증, 어음보증, 시설대여보증 등의 신용보증을 지원합니다.

모든 사업자와 업종을 대상으로 폭넓게 정책금융을 지원하는 기관입니다. 일반업종의 경우 매출액의 1/5정도(20%) 금액을 보증서로 발급해 줍니다. 인터넷이나 방문을 통해 보증상담을 신청하고 전자보증 방식으로 지원을 받을 수 있습니다.

자세한 내용은 신용보증기금(www.kodit.co.kr) 홈페이지에서 확인가능합니다.

신용보증재단

신용보증재단은 '지역 신보'라고 합니다. 서울 같은 경우는 서울신용보증재단 경기도는 경기 신용보증재단, 지역신용재단이라고 이해하면 되고 신용보증기금과 비슷한 곳입니다.

신용보증기금보다 규모가 작다고 보면 됩니다. 주로 소상공인을 대상으로 하는 곳을 신용보증재단이라고 보면 될 것 같습니다. 절차와 방식은 보증서를 발급해 주고 은행에서 자금지원을 받는 형태입니다. 보증서를 발급받으면 거의 자금을 지원받을 수 있는데 금액이 적습니다. 금액을 잘 받으려면 요건을 잘 갖추어야 합니다. 보증서 발급 규모가 대부분 1억원 이하이고 5천만원 이하로 발급하는 경우가 많습니다.

자세한 내용은 신용보증재단(www.koreg.or.kr) 홈페이지에서 확인가능합니다.

기술보증기금

기술보증기금(기보)은 중소벤처기업을 대상으로 기술개발 및 창업자금을 지원합니다. 담보능력이 부족한 중소기업과 벤처기업에 대해 기술보증을 해주는 것과 각 기업의 기술을 평가하고 경영을 지도하는 업무를 수행합니다. 지원 분야는 예비창업자 사전보증, 청년창업 특례보증, 맞춤형 창업성장프로그램, 창업기업 정책자금 One-stop보증, R&D평가 특례보증이 있습니다. 기술력있는 제조업, IT, 연구개발, 소프트웨어, 신기술 업종을 우대하는 보증기관입니다.

자세한 내용은 기술보증기금(www.kibo.or.kr) 홈페이지에서 확인가능합니다.

> 기업마다 어느 보증기관에 신청하고 접수하는가에 따라 자금조달을 원만히 할 수 있느냐 판가름 납니다. 따라서 기관별 특성을 이해하고 준비해야 합니다.

경영이야기

대표이사의 리스크 해결하기

모두를 믿지 말고 가치 있는 이를 믿어라.
모두를 신뢰하는 것은 어리석고 가치 있는 이를
신뢰하는 것은 분별력의 표시이다.
데모크리토스

용어 정의
[가지급금] 용도나 액수를 확정하지 않고 지급한 돈을 확정될
때까지 설정하는 계정과목

26. 대표이사의 리스크 해결하기

가지급금

사업을 정신없이 바쁘게 하다 어느 정도 회사가 성장하면 사업에 대한 리스크를 확인을 하고 가야 하는데 그중에 대표적인 것이 가지급금입니다. 가지급금은 법인 통장에서 돈을 빼갔는데 어디로 갔는지 모르는 겁니다. 그러니까 정확하게 출처를 안 밝혀져 있는 건데 대표가 가져가는 경우가 많습니다. 대표가 안 가져갔음에도 불구하고 그 출처를 정확하게 안 적어놓으니까 결국은 과세 당국에서는 대표가 가진 것으로 인정을 해버리는 경우입니다. 그게 가지급금으로 '지급은 했는데 가짜'라는 뜻입니다.

이로 인해서 대표에게 큰 리스크가 생깁니다. 어떤 리스크가 있을까요? 가지급금은 회사의 업무와 관련 없는 자금을 가져간 겁니다. 대여한 것입니다.

가지급금이 주로 발생하는 원인은 창업 초기에 회사를 설립할 때 자본금을 납입하고 다시 바로 빼가는 경우가 있습니다. 회사통장에 보관해야 하는데 법인 통장에서 바로 가져가 버리면 대표가 가져간 것으로 봅니다. 이것을 가장납입이라고 합니다.

두 번째 매입이라든지 경비가 성실하게 처리 안 되고 누락된 경우입니다. 또한, 법인명의로 차입을 해서 개인용도로 사용하는 경우가 있습니다. 그래서 업무와 관련성이 없는 경우에는 급여에 포함해서 신고하거나 적격 증빙을 수취하지 않더라도 지출근거를 명확하게 해 놓아야 합니다.

어떤 문제가 생길까요?

가지급금은 세법상 가지급금이 회사에서 발생이 되면 인정이자를 내야 합니다. 왜냐하면 회사의 돈을 대표가 가져가면 가져간 증빙도 있어야 하는 데 없습니다. 없으니까 과세 당국에서는 인정이자 15.4%를 적용합니다. 그냥 1억원을 가져가면 얼마예요. 1,540만원은 해마다 이자를 내야 합니다.

이자를 회사에 입금하는 게 아니라 회사가 받아야 하는 돈이 발생하는 겁니다. 그래서 영업외비용으로 처리가 된 걸로 나와 있는 것입니다. 인정인자가 발생된다는 부분과 제대로 처리가 안 될 경우는 대표자의 상여로 처리시켜 버립니다.

가지급금은 재무제표의 암적요소

리스크에 대한 부분에서 가지급금은 결국은 재무제표에서 굉장히 암적인 존재입니다. 그러니까 재무제표에 가지급금이 많은 회사는 융자가 잘 안 됩니다. 된다고 하더라도 불리한 요소입니다. '이 회사는 재무관리를 제대로 안 하고 대표가 돈을 마음대로 빼가는 회사구나' 사업에 쓰지 않고 개인적 용도로 쓴다. 이렇게 보는 것입니다.

가지급금의 반대가 무엇일까요? 가수금입니다. 반대로 회사에 돈이 없어서 대표가 집어넣는 경우는 반대입니다. 수금은 수금인데 가짜 수금입니다. 회사에 돈이 들어왔는데 돈이 없으니까 내 통장에 있는 돈을 회사에 넣어서 직원들 급여도 주고 임대료도 나가고 기타 등등 쓰는 것을 말합니다.

> 기업운영에 여러 리스크 중 가지급금을 이해해야 합니다. 회사돈을 근거없이 인출하면 기업신용, 대출상의 문제와 대표자의 금전적 손해발생의 원인이 됩니다.

경영이야기

기업과 대표이사(주주) 모두의 리스크 해결하기

유머 감각이 없는 사람은 스프링이 없는 마차와 같다.
길 위의 모든 조약돌에 부딪힐 때마다 삐걱거린다.
헨리 워드 비처

용어 정의
[이익잉여금] 영업활동으로 얻은 순이익금을 배당, 상여금 등 처리하지 않고 사내유보한 것

27. 기업과 대표이사(주주) 모두의 리스크 해결하기

회사에 돈을 내고 주식을 받은 사람을 주주라고 합니다. 주주는 회사 운영에 참여할 수 있고 배당 등을 통해 경제적 이익을 얻을 수 있습니다.

미처분 이익 잉여금

비상장기업의 경우 대부분은 주주와 임원이 동일하고 대표이사가 곧 최대주주인 소유와 경영이 분리되어 있지는 않죠. 또한 주주총회는 기업의 최고 의사결정기관이므로 그 권한은 막강합니다.

그런데, 기업이 영업활동으로 생긴 순이익을 사외로 유출하지 않고 사내에 유보한 이익금으로 미처분이익잉여금이라고 합니다.

기업이 본업을 통해 이익이 발생했을 때 사내에 유보하는 것은 비상상황을 대비하기 위한 자연스러운 일이죠. 실제 이익이 아니고 대출 연장이나 입찰 조건 등의 이유로 분식회계로 가공된 이익으로 누적된 이익금은 기업에 막대한 손실으로 줍니다.

이러한 과도한 이익금은 회사와 대표이사, 주주를 어려움에 처하게 함으로 최선의 방법은 해마다 배당을 실시하면 됩니다.

그러나 제때 정리하지 않으면 바상장기업의 기업가치를 높여 주식평가액이 상승하여 양도, 상속, 증여 등의 주식이동 시 엄청난 세금을 내야 합니다. 그뿐만 아니라 기업청산 시에도 의제배당으로 간주하여 주주별 배당소득세 부담이 증가합니다

세무조사 대비

또한 과세당국은 미처분이익잉여금이 과도하게 누적된 기업은 세무조사를 할 수 있으므로 반드시 정리하는 것이 좋습니다.

미처분이익잉여금 해결 방법

그러므로 미처분이익잉여금을 정리하는 방법은 현금이 있는 경우 배당을 활용하는 것이 최우선이고 금융소득종합과세 적용여부를 확인하고 배당가능이익 한도여부 확인 및 배당금의 일부를 이익준비금으로 적립해야하는 부분도 체크해야 합니다.

현금이 없는 경우에는 신주발행하여 주식배당을 활용하고 이익잉여금을 법인에게 재투자할 수 있고 우회적인 유상증자의 수단으로 활용가능합니다.

그리고 대표의 급여 인상 및 상여금 지급 등으로 미처분이익잉여금을 상계처리하고 특허 자본화를 통해 미처분이익잉여금을 줄일 수도 있습니다. 또한 대표가 가진 특허권을 기업에 양도하면 미처분이익잉여금을 상계처리할 수 있습니다.

이외에 다양한 방법이 있겠지만 미처분이익잉여금 처분시 배당이외의 방법 적용시 주의할 점은 최적의 방법을 찾아야 하고 이익잉여금을 정리 이후 관리할 수 있는 방안을 마련해야합니다.

> 이익잉여금은 기업에 쌓아두지 말고 회사에 돈을 댄 주주에게 정상적인 배당정책을 활용하는 것이 최선의 방법입니다.

경영이야기

법인, 정관의 중요성을 명심하자

행복은 여정이지 목적지가 아니라는 점을 기억하라

로이 M. 굿맨

용어 정의
[정관] 법인의 권한, 의무, 책임 등을 정한 규칙

28. 법인, 정관의 중요성을 명심하자

 정관은 매우 중요하고 주주와 임원이면 반드시 이를 알고 이해할 수 있어야 합니다. 그러나 대다수가 왜 필요한지 중요한지 모르고 있습니다. 왜 중요하냐면 정관은 회사의 헌법과 같은 역할을 하는 겁니다. 물론, 상법에서 기초를 하고 있고 회사의 자치 법규라고 말합니다.

정관은 기업의 규칙을 정하는 것이고 근로자보다는 대표이사 포함한 임원과 주주의 권리와 이익 실현을 위해서 꼭 필요한 규정입니다.

중소기업이 성장하는 과정에서 임원의 법적 보호, 노무 관련 제도에 있어서 정관은 중요한 역할을 합니다. 잘 만들어 놓아야 할 필요가 있습니다.

정관의 중요성

첫 번째, 정관은 세무적으로 심각한 문제를 일으킬 수 있는 조항이 포함되어 있음을 유념해야야 하고 두 번째, 정관에 관련된 규정이 있어야만 위험을 예방할 수 있으므로 법인의 상황에 맞게 억울한 일을 당하지 않도록 잘 만들어 두어야 합니다.

만약 세무조사가 나오면 정관을 확인하고 횡령이나 배임 등의 근거가 있는지 확인합니다. 대표적인 부분이 임원의 보수규정, 임원 보수계약서도 작성해야 합니다.

법인의 명칭이나 사업목적, 본점 소재지, 주식, 계산 방법, 임원의 선임 등 중요 기재 사항을 제외하고는 법인의 목적에 맞게끔 작성을 해야 합니다. 마지막으로 분쟁이 발생하게 되면 정관의 내용이 중요한 증빙 자료가 됩니다.

정관의 기재사항

정관의 기재사항은 총 세 가지로 구분됩니다. 절대적 기재사항, 상대적 기재사항, 임의적 기재사항입니다.

절대적 기재 사항

상법의 규정에 따라 반드시 기재해야 할 사항이라고 합니다. 만약 기재 사항이 누락되거나 위법하거나 부실한 경우에는 정관 자체가 무효입니다.

대표적으로 사업목적, 상호, 회사가 발행할 주식의 총수, 액면주식을 발행하는 경우 한 주의 금액, 회사설립 시 발행하는 주식의 총수, 본점 소재지, 공고 방법, 발기인의 성명과 주민록번호 및 주소등 8대 기재사항이라 합니다. 법인 등기부등본을 발급하면 나오는 대부분의 내용으로 이를 변경시에는 반드시 변경등기 해야합니다.

상대적 기재 사항

정관 자체의 효력에는 영향을 미치지는 않지만, 정관에 만약 기재해 놓지 않으면 회사와 주주에 대해 효력이 없는 사항입니다.

- 변태설립에 관한 사항
- 주식에 관한 사항
- 주주총회에 관한 사항
- 이사회 및 감사에 관한 사항
- 손해배상에 대한 사항
- 임원의 보수 유족 보상 등
- 주식 양도 재한 규정, 주식 매수 선택규정

이 부분이 만약에 기재에 놓았더라면 효력이 있는 거고 기재에 놓지 않으면 효력이 없습니다. 그래서 필요하면 기재를 반드시 해야 합니다.

임의적 기재 사항
절대적 기재사항과 상대적 기재사항 이외에 반드시 정관에 기재할 필요는 없으나 강행법규 회사 본질에 반하지 않는 내용으로 정관에 기재해 놓음으로 내용을 명확하게 하는 사항입니다.
예를들면, 주권의 종류, 주식의 명의개서 절차, 정기주주총회의 소집시기, 소집지, 이사·감사의원수, 대표이사의 임기, 회사의 영업년도, 이익의 처분 방법 등이 있습니다.

정관의 수정
정관을 만약에 수정을 하거나 변경할 내용이 있으면 임의적으로 정관을 수정하면 안 됩니다. 반드시 정관은 주주총회 특별 결의를 통과하여 정관을 변경해야 합니다.

> 기업경영을 위해서는 정관의 의미를 잘 이해해야 합니다. 정관은 기업의 헌법과 같으며 주주와 임원의 책임과 의무의 기준이 됩니다.

경영이야기

채권관리와 회수, 철저히 하자

> 부정적인 생각을
> 긍정적인 생각으로 바꾼다면
> 긍정적인 결과가
> 나오기 시작할 것이다.
> 윌리 넬슨

용어 정의
[채권관리] 회사에서 물건을 팔고 결제일에 맞춰 채권
(물품대금)을 회수하는 것

29. 채권관리와 회수, 철저히 하자

　기업을 유지하고 성장하는 과정에서 재무 건전성이 확보되지 않으면 어려움을 겪고 유동성 위기에 처할 수 있습니다. 기업이 매출이나 수익이 창출되지 못하고 부진이 지속된다면 큰 문제가 발생할 수 있습니다.

독자 중에 매출이 없는 회사들은 특히 관심 있게 봐 주세요. 매출이 하락하면 이익이 부족하게 되고 영업현금흐름이 부진할 수밖에 없습니다. 회사에 돈이 없다는 얘기입니다. 이익이 나야 돈이 남는 것이고 경영을 하려면 자금이 돌아야 되는데 정상적인 자금은 매출에서 또는 매출의 결과물이 수익을 통해서 창출돼야 됩니다. 만약에 자금이 정상적으로 돌아가지 않으면 결국 가지고 있는 자산을 매각하거나 구조조정을 통해 또 다른 해결 방법을 모색해야 합니다.

영업현금흐름을 개선해야 하고 제품(상품, 서비스)을 판매하는 회사는 대금을 잘 회수해야 하고 건설회사는 공사 대금을 잘 회수해야 됩니다. 이러한 대금 회수가 잘 이루어져야 현금흐름을 좋게 하고 부실한 채권이 발생하지 않도록 잘 관리해야 합니다.

채권관리와 회수 방법

거래처와 거래할 때는 거래처의 신용조사를 반드시하고 거래를 해야 합니다.

신용조사란 상대방이 대금을 지불할 능력과 의사가 있는지 알아보는 것입니다. 방법은 개인사업자와 거래할 때와 법인사업자 때 다릅니다.

개인회사와 거래 할 때

개인사업자의 경우, 실제 경영자를 파악해야 합니다. 문제 발생 시 채권 회수가 어려워 질 수 있습니다. 상호가 중요한 것이 아니라 대표자 개인이 중요합니다. 개인사업자는 개인의 자산과 동일하게 보기 때문입니다. 또한 주기적으로 사업자의 상황을 체크해야 합니다. 홈텍스에서 휴업 및 폐업여부를 확인할 수 있습니다.

개인회사가 법인으로 전환하는 경우가 있습니다. 이때 개인 채무액이 남아 있다면 법인에서 그대로 승계하도록 인수계약서를 작성해야 합니다.

법인 회사와 거래할 때

법인하고 거래할 때는 정관과 함께 법인 등기부등본을 법원에서 확인하고 체크해야 합니다.

부동산 등기부등본과 법인 등기부등본은 인터넷등기소에서 700원이면 누구나 열람이 가능합니다. 자본금, 주식의 수, 사채, 회사, 합병, 분할 등을 볼 수 있고 소속된 임원들을 확인해 봐야 합니다. 또한 대표이사가 월급 사장인 경우가 있으니 실제 지분 소유자와의 관계 등도 살펴볼 수 있습니다. 가급적 실제 경영하는 대표와 거래를 해야 합니다.

공적장부

법인의 사업자등록증과 등기부등본을 확인하여 실체를 확인해야 합니다. 법인의 대표이사는 개인으로 출자 책임을 지지 않습니다. 법인의 대표이사로서 개인은 타인의 손해를 끼쳤을 때 채무 불이행에 대한 책임은 불가합니다.

신용조사 방법

신용조사의 방법에는 직접조사와 간접조사 방법이 있습니다. 거래처에 대하여 신용조사를 한다는 것이 다소 불편할 수 있습니다. 하지만 사업의 리스크 관리를 위해서 적절한 신용조사 방법을 병행하기를 권합니다.

> 직접조사 : 직접 방문하여 경영자 면담. 회사 분위기 파악
>
> 간접조사 : 신용평가기관을 이용

그 외에도 사업자등록증을 자세히 보면 해당 기업의 상황을 점검할 수 있습니다. 사업장 소재지, 대표자 확인을 할 수 있으며 법인 정관과 재무제표까지 점검하면 해당 기업의 신용상태 및 재무 건전성과 리스크도 알 수 있습니다.

> 채권관리를 위해서는 사전에 거래처의 상황을 반드시 확인해 두어야 합니다. 채무의 책임자가 누구인지와 채무 이행주체를 체크해야 합니다.

노무사 자문계약 해야 할까

오늘 할 수 있는 일에 전력을 다하라.
그러면 내일에는 한 걸음 더 진보한다.
뉴턴

용어 정의
[노무] 노동에 관련된 사무

30. 노무사 자문계약 해야 할까

노무관리

노무관리란, 인사관리와 같은 의미로 쓰이며 인사관리란 직원들이 능력을 최대로 발휘하여 좋은 성과를 거두도록 관리하는 일이고 인적 자원의 효율적 이용을 위하여 수행하는 과정이라 할 수 있습니다.

기업은 효율적인 노무관리와 근로환경 제공을 위해 최저임금, 주 52시간 근무, 연월차 사용 등 노무관리의 정비가 필요합니다.

예를 들면 근로계약서의 작성은 당일 작성 및 교부원칙이고 아르바이트 등 정규직 근로자까지 작성해야 하고 2021년 11부터 사업주는 급여 지급 시 임금명세서를 함께 교부해야합니다.

그리고 퇴직금 지급 대상은 일용직(아르바이트 포함)등 1년 이상 근무한 근로자에게 지급해야 합니다. 직원을 해고하려면 30일 전 고지하고, 일방적 해고 시 1개월의 통상임금을 지급해야 합니다.

4대 보험 가입은 세금신고를 피하기 위해 아르바이트 일용직으로 처리하는 경우가 있는데, 위반하여 적발되면 3년 이내의 보험료를 추징당하게 됩니다. 또한 최저임금 미달, 주휴수당 미지급 시에도 처벌 대상입니다.

노무사의 필요성
따라서 기업 환경에 맞는 노무제도의 정비가 필요하며 노무 리스크를 줄이기 위해 노동관계 업무의 원활한 운영과 노동정책이 변화함에 따라 노무사에 대한 필요성이 높아지고 있습니다.

노무사의 업무는 규정 정비, 법정 필수교육, 급여대장, 4대 보험관리, 고용노동부 점검 대비, 노무지원금 등 효율적인 인사노무관리와 기업내 문제 발생 시 사전예방 및 해결, 노동변화에 대한 신속한 대응이 가능합니다.

> 대다수 중소기업과 소상공인이 세무사에게 기장을 맡기듯 노무사에게 노무자문을 필수로 해야하는 시대가 왔습니다. 비용이 아깝다고 생각하는 순간 인사노무 리스크에 직면하게 됩니다.

경영이야기

경영지도사는 어떤 일을 하는가?

시도해보지 않고
누구도 자신이 얼마만큼
해낼 수 있는지 알지 못한다
푸블릴리우스 시루스

용어 정의
[경영지도사] 중소기업에 경영에 대한 전문적이고 종합적인
진단·지도를 수행하는 국가자격사
[경영컨설팅] 기업경영에 관한 문제점을 분석한 뒤 해결책을
제시하거나 자문을 주는 영역

31. 경영지도사는 어떤 일을 하는가?

경영지도사는 중소기업의 종합 진단과 기업 전반의 인사. 재무, 생산, 마케팅 및 수출입업무 등에 대한 진단 및 지도 자문, 상담, 조사, 분석, 평가, 확인, 대행 등 기능을 수행하는 국가 전문자격사입니다.

경영지도사는 '경영지도사 및 기술지도사에 관한 법률' 제5조의 규정에 의하여 국가전문자격사 시험에 합격해 그 자격을 취득한 자로서 지도 분야에 따라 인적자원관리, 재무관리, 생산관리, 마케팅 분야로 구분됩니다.

정부지원 컨설팅 사업

대부분 경영지도사는 기업의 컨설팅을 수행하고 비용은 정부로부터 받는 구조입니다. 이때 기업은 10~ 20% 정도를 부담하게 됩니다.

정부 지원사업의 효율성을 높이기 위해서 연구개발, 마케팅, 조사, 경영전략, 수출컨설팅 등을 자금과 함께 지원합니다.

민간컨설팅 사업

보통 기업이 컨설팅을 의뢰하고, 비용을 컨설팅회사에 지급하는 방식입니다. 중소기업이 필요한 사업계획서 작성, 사업전략 수립, 인사조직 설계, R&D 연구개발, 마케팅, 수출 컨설팅을 수행합니다.

하지만 대부분 중소기업은 규모가 영세하고 직접 비용을 지급하고 컨설팅을 받으려고 하지 않는 편입니다. 그래서 경영지도사가 민간컨설팅 시장에서 활동하기가 어렵지만 그럼에도 상위 실력자들은 활발하게 활동하고 있습니다.

각종 정부기관 평가업무

중소벤처기업부, 중소벤처기업진흥공단, 기술보증기금, 신용보증기금 등의 평가 위원으로 활동하기도 합니다.

경영지도사의 전망

2020년에 경영지도사 독립법이 통과되어 정부 기관에서 컨설팅, 평가, 인증 업무에 있어서 경영지도사를 활용할 것으로 예상이 되고 있습니다. 국내 중소기업이 전체 기업의 99% 이상을 차지하고 있고 정부는 중소기업을 육성하기 위해서 각종 지원을 하고 있습니다. 이에 대한 관리 감독이 어렵기 때문에 경영지도사를 활용하고 있으며 중소기업을 위한 컨설팅도 제공하고 있습니다.

높은 수입을 올리려면 실제 사업체 운영을 경영한 경험이 있으면 유리합니다. 대기업 출신은 상대적으로 중소기업 대표와 교감하고 이해하는 능력이 떨어집니다. 대기업에서 경험한 내용으로 컨설팅하게 되면 중소기업 대표는 경영지도사와 만나기를 꺼려합니다.

본인의 전문영역을 확보하고 부단히 공부하여 중소기업과 경영자에게 도움이 되도록 노력해야 합니다.

결국, 유능한 경영지도사는 기업의 문제점을 정확하게 인식하고 문제해결 방안을 제시할 수 있어야 치열한 경쟁사회에서 생존하고 경쟁력을 갖추게 됩니다.

경영지도사는 경영자와의 교감능력을 키우고 기업이 처한 현상태를 정확히 파악하여 기업의 문제에 대해 해결방안을 제시해야 합니다.

실무사례

당신이 걱정해야 할 유일한 한계는
마음속에 그어놓은 한계다
스킵 프리처드

용어 정의
[실무] 실제 업무나 사무

실무사례

경기도 소재의 섬유업을 하는 OO회사의 사례입니다.

상담 준비

먼저, 소개받은 회사를 인터넷등기소에 법인등기부등본과 부동산등기부등본을 열람을 했습니다. 회사명 확인하고 설립 날짜, 자본금, 사업 목적, 임원 그리고 변경 등기 사항에 대해서 체크했습니다.

그다음, 한국기업데이터 주식회사에서 제공하는 크레탑이라는 프로그램을 통해서 회사의 지분 관계, 기업 신용상태, 재무제표 등의 내용을 파악했습니다.

또한, 업력은 4년이 경과를 하였고 대표자의 나이는 30대였습니다. 해당 업종의 영업 출신이고 임원 2명, 사외이사 1명으로 확인되었습니다.

기업진단

당사 시스템으로 기업을 진단한 결과 기업의 신용 상태는 양호한 것으로 파악이 됐고 부채 비율은 200% 이하로 대체로 양호한 수준입니다.

회사가 발행할 주식의 총수와 발행주식수가 동일하여 정관을 수정할 필요가 있다고 판단이 되었습니다. 발행할 주식의 총수는 기업이 발행할 주식으로 통상 1백만주에서 1억주 까지가 일반적인 데 4만주로 동일한 경우였습니다.

주주관계를 보니 특수관계인 가족 중심으로 구성되어 있었고 총 지분의 100%를 소유하고 있었고 타인은 주주로 참여한 바가 없습니다.

최근 3년 동안의 매출액은 3년 전에 10배로 급성장했습니다. 법인세도 10배 이상을 납부하고 있었습니다. 여기서 중요한 사실을 포착, 창업 당시 나이가 33세, 1년 뒤 사업을 시작했더라면 청년창업세액공제를 받게 되면 5년간 법인세 50%를 감면 혜택은 너무나 큰 숫자였습니다.
(상담 시 이 부분을 설명했는데 몰랐고 얘기해주는 사람이 아무도 없었다고 함) : 「2018년 5월 29일 이후 창업부터 수도권 과밀억제권내의 청년창업감면 신설, 기존 29세 이하 청년 규정을 34세로 변경」

최근 3년간 법인세 누계 2억원 이상이었고, 5년이면 예상컨대 4~ 5억원 정도의 돈이 법인세로 나갈 수 있어 절반인 2억 5000만원 정도를 절감할 수 있는 것이죠.

사업장은 임차로 사용 중이어서 향후 사업장 매입을 위한 시설자금이 필요할 거라고 판단했습니다. 자본금 증자를 직전년에 1억에서 2억원으로 한 것으로 파악되어. 증자한 이유를 파악할 필요가 있다고 생각했습니다.

최근 3년간 매출액 대비 원가비중이 해마다 1~2%씩 늘어나고 있었고 이 부분은 기업체 부담금이 없는 혁신성장바우처지원사업에 제안하고 원가관리 컨설팅을 제의하면 도움될 것입니다.
재무상태표상 산업재산권 금액이 5억원 넘어서 어떤 내용인지 확인할 필요 있었고 차입금 3억원이 있었는데 금년에 추가 내역이 있는지도 파악할 예정입니다.

또한 미처분 잉여금이 최근 15억원 가까이 있어 이 부분은 정리할 필요가 있습니다. 향후에 양도, 증여 등 지분 이동시 많은 세금이 발생할 수 있으므로 해마다 조금씩 처분해야 합니다.
외환차손이 1억원 넘게 손실이 났는데 그 이유를 알아보고 외환거래 전문가를 연결해 주는 부분도 생각하게 됐습니다.

상담 실시

기업진단 한 후 약속 날짜를 잡고 회사를 방문해서 1시간 정도를 상담했습니다. 사전에 준비한 진단내용을 설명했더니 우리 회사에 대해서 어떻게 잘 아냐고 되물었습니다.

- 매출이 큰 폭으로 증가하여 법인세 절세 방법 설명
- 내년도 세무조사가 예상되므로 대응 방법 설명
- 이익잉여금이 많이 쌓여 정리 방법 설명
- 시설자금 조달 방법 안내
- 외환거래 개선의 필요성 안내
- 정관 개정 필요성 설명
- 효과적인 판관비 운영방법 설명
- 기타 기업경영자(주주)의 리스크 설명

위 회사 대표자의 시급한 니즈는 법인세가 많이 나와 줄였으면 했고, 장차 세무조사가 나오는 것을 걱정했습니다.

결과

상담하고 일주일 뒤 전화가 왔습니다. 지금까지 받아본 컨설팅과는 다르다고 했고 계속 인연을 맺었으면 좋겠다고 했습니다. 그래서 법인세 절세, 세무조사 대비를 위한 경영자문을 하기로 했습니다.

> 기업경영자는 경영수업 없이 바쁘게 앞만 보고 달립니다. 전문가와 상의하면 경영리스크도 줄이고 예상하지 못한 어려움에 처하는 것을 미리 대비할 수 있습니다.

기업경영자가 알아야 할 10가지

① 사업용 통장에 현금흐름을 확인하세요
 - 일단위, 월단위 자금수지계획서 작성, 통장은 3개로(거래용, 급여/보험료용, 부가세용)

② 법인은 회사의 정관을 이해하고 매년 개정사항이 있으면 수정하세요
 - 정관은 회사의 법으로 경영자와 회사를 보호할 수 있는 가장 기초임

③ 재무제표의 의미를 이해하고 재무진단을 받으세요
 - 연말에 가결산자료를 재무진단을 통해 재무제표 관리
 → 대출, 정부지원사업, 신용등급의 우위 확보

④ 거래처와 거래개시전, 상대 회사의 재무제표를 확인하고 수시로 신용상태를 점검하세요
 - 거래부실로 인한 불량채권 방지
   (최악의 경우 자금경색으로 도산리스크)

⑤ 거래시 반드시 계약서를 작성하고 내용을 확인하세요
 - 문제발생시 해결의 단초(돈 받는 쪽에서는 필수사항)

⑥ 본업에 기술을 접목하고 연구개발(R&D) 비중을 확대하세요
  - 기술이 회사의 자산이고 미래 지속기업으로 자리매김

⑦ 월별 손익계산을 확인하세요
  - 매달, 분기, 반기 누계치의 매출원가와 판매관리비의 비중과 추이 확인 → 원가와 비용절감 개선

⑧ 절세와 기업가치를 높여주는 특허/상표, 기업인증은 반드시 확보하세요
  - 기업인증 : 기업부설연구소/연구전담부서, 벤처기업확인, 이노/메인비즈, ISO 등

⑨ 외부전문가를 적극 활용하면 시간과 비용을 아낄 수 있어요
  - 세무/회계자문(세무/회계사), 노무자문(노무사), 특허상표자문(변리사), 법률자문(법무사/변호사)
  - 자산평가(감정정평가사), 경영자문(경영지도사)

⑩ 혁신(바꾸세요)하지 않으면 기업은 도태됩니다
  - 끊임없는 변화혁신을 추구 : 사내제안제도 실시

부록

통권 :   호

사 업 일 지

20   년도 (   )월

회사명 :

```
문의 :
         프라임경영기술(주)
         http://pmtkorea.kr
         atozinfo@naver.com
         Tel : (02)588-4240
주요업무 : 기업진단, 경영자문, 회사설립, 제도정비, 자금조달
```

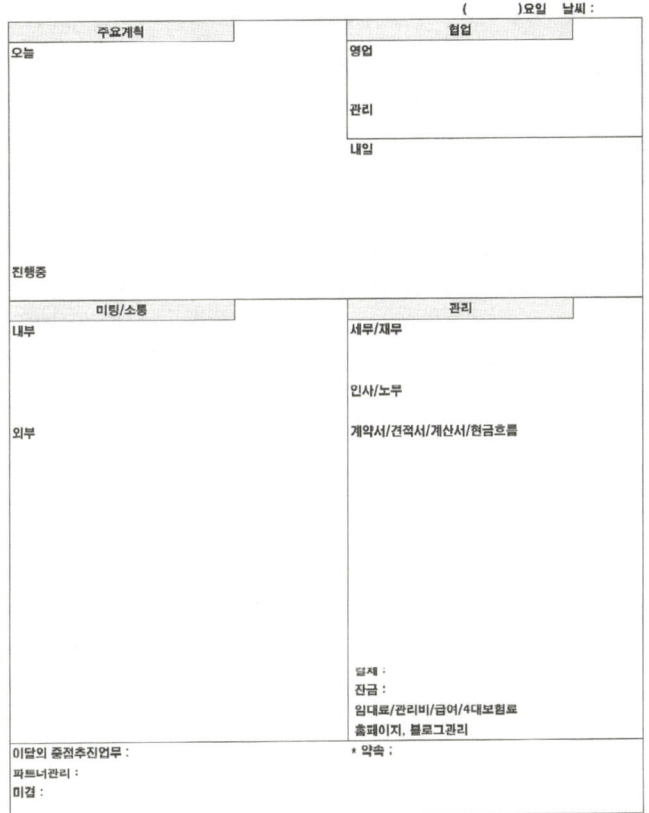

기업성장단계별 경영계획

창업단계	· 매출증대에 초점하여 규모를 키움 · 매출, 이익 규모가 작아 세부담에 대한 고민이 적음 · 관리직원이 충분하지 않아 장부기록, 제품원가 및 수익성 분석 업무 애로

성장단계	· 매출성장으로 인해 이익규모가 커지므로 절세에 관심
	· 개인사업자는 법인 전환 고려 : 업력, 세금
	  - 조세를 지원받는 법인전환
	  - 조세를 지원받지 않는 법인전환
	· 원가 등 수익성관리
	  품목별 원가계산, 수익성분석 절차 수립

안전/
성숙단계
	· 경영자의 고령화 가업승계 준비
	  - 가업승계지원제도 활용 세부담 줄임
	   (증여세과세특례 또는 기업상속공제 활용)
	· 신규사업 추진, 시너지 확보 위한 M&A 고려 지분인수 또는 합병 활용
	  - 지분인수 : 대규모 자금 필요, 매도자는 지분양도 높은 세부담
	  - 합병 : 적결합병을 활용해 세부담 최소화

비고	· 단계별 특정이슈만 해결하기 보다는 향후 발생 가능한 이슈와 연관시켜야 함 · 중장기적 관점에서 계획

*부실리스크 관리를 위해 신용평가 요구 → 금융기관이나 신용평가회사를 통해
*신용등급 평가는 재무적항목, 비재무적항목으로 구분 : 재무적항목은 결산 재무제표 기준 객관성 확보를 위해 재무적인 항목에 가중치, 좋은 평가를 받기 위해서 재무평가 항목관리에 주의

정책자금 주요평가 요소

① 부채비율 100%이하 : 부채총액/자기자본*100
   (업종별 융자제한비율 확인)

② 유동비율 200% 이상 : 유동자산/유동부채 *100

③ 이자보상비율 600% 이상 : 영업이익/이자비용*100

④ 당기순이익 통상 3%(평균), 5%(우수), 7%(우량)

⑤ 대표이사 지분율 50% + 1주 (특수관계인 포함)

⑥ 대표이사 개인신용등급 5등급 이하
   (여성대표는 배우자 신용등급 확인)

⑦ 기업신용등급 BB- 이상 < BB < BB+

   <가점>
   · 특허등록 3년이내 보유
   · 인증보유 : 연구소(연구노트 관리), 벤처, 이노비즈, 메인비즈
   · 수출실적
   · 경상연구개발비 매출액대비 5%
   · 내일채움공제 가입

기업의 신용분석

① **절대분석**
기업의 설립에서 부터 현재까지의 전반적인 영업능력분석(과거 수년간의 영업성장 분석과 재무제표 분석)과 경제상황을 분석하는 것을 바탕으로 해당 기업의 미래를 예측하는 것

- 초점
  - 성장과정(경영진, 주주, 자금, 자금상황, 법규 등)
  - 최근 3년간의 재무제표의 변화
  - 영업성장의 원인과 위험요소 분석

- 예측
  - 최근 3년의 영업상황과 시장상황을 고려해 해당 기업의 미래를 예측

- 목적
  - 채권자의 입장에서 작지만 우량기업을 찾는 것

② **상대분석**
같은 업종에 있는 경쟁회사의 매출액과 당기순이익 비교, 해당 산업의 평균비율(부채비율 혹은 유동비율) 비교를 통해 해당 기업의 각종 비율의 우량 여부를 분석하는 것

법인설립준비사항 및 서류

① **본점주소**
 - 임대(전대)의 경우 임대차(전대차)계약서와 동일하게 작성
 - 전대의 경우는 임대인(소유자)의 동의가 필요하므로 동의가 가능한지 사전에 확인
 - 도로명 주소로 건물명칭, 동, 호수가 있는 경우 모두 기재하셔야 합니다.

② **상호**
 - 본점주소지 관할 등기소에 이미 사용하고 있는 상호는 타회사가 사용할 수 없으므로, 사용하시고자 하는 상호를 우선순위를 두어 몇 가지 기재 후 상호검색
 - 해당 상호에 영문이 있는 경우 영문상호도 표기. 영문자체로는 등기할 수 없고, 한글상호에 병기할 수 있음

③ **목적**
 - 사업목적을 나열

④ **주금납입은행**
 - 자본금을 납입하고 잔고증명서(또는 잔액증명서. 10억원 이상일 경우 주금납입보관증명서)를 발급받은 은행명과 지점명을 기재

⑤ **1주의 금액**
 - 100원 이상

⑥ **인감카드비밀번호**
 - 법인인감증명서를 발급받을 수 있는 법인인감카드의 비밀번호 6자리

⑦ **자본금**
 - 상법상 100원 이상이면 되지만, 회사의 영업목적에 따라 일정자본금을 정해야 하는 경우(여행업, 건설업 등)가 있고, 거래관행을 고려하여 일정규모 이상의 자본금을 정해야 함

⑧ 결산기
 - 회사의 회계기간의 말일
 - 대부분의 법인은 12월말(12월 31일) 결산기

⑨ 공고신문
 - 합병, 자본감소 등 상법에 정하는 공고사항을 공고할 신문
 - 시사일간지여야 하며, 주로 공고료가 저렴한 경제지로 함
 - 회사의 홈페이지도 가능

⑩ 발행할 주식의 총수
 - 회사 '설립시에 발행하는' 주식수(자본금 ÷ 1주의 금액)가 아니라 앞으로 회사가 발행할 수 있는 주식수의 한도를 정하는 것, 변경등기가 가능(비용발생).
 - 증자의 경우 발행할 주식의 총수 범위 내에서 가능하며, 그 총수 이상에 해당하는 증자를 할 경우 정관변경을 선행(증자결의와 같은날 가능)하여야 함
 - 특별한 의미가 없다면 10억, 50억, 100억 정도에 해당하는 주식수로 정하면 됨

⑪ 기타등기사항
 - 선택적 등기사항이며, 설립 후 필요에 따라 신설(비용발생).
 - 주식양도제한
   주주가 주식을 타인에게 양도할 경우 이사회(이사가 2인 이하일 경우 주주총회)의 승인을 얻도록 제한하는 규정. 주식 양도시 이사회(또는 주주총회)의 승인이 필요하므로 주식양도가 다소 까다로워짐. 단, 회사의 주식이 회사와 전혀 관계없는 제 3자에게 양도되는 것을 원하지 않는다면 좋은 방법
 - 스톡옵션(주식매수선택권)
   임직원에게 주주총회의 결의로 주식매수선택권을 부여하여 일정기간 경과 후 회사에 청구하면 신주발행, 자기주식 교부, 시가와의 차액 정산 등의 방법으로 성과보상을 하는 제도. 시행계획이 있으면 근거규정을 정관에 두고 등기해두어야 함

⑫ 주주 및 임원
- 발기인(설립시 주주를 말함)은 1인 이상이어야 하며, 상법상 자본금이 10억원 미만일 경우 이사는 1인이어도 무방하며, 감사를 두지 않아도 됨
단, 주식회사 설립시에는 '조사보고자'라고 하여, 법인설립전반에 대하여 조사를 하고 발기인에게 보고할 역할이 필요한데, 그 조사보고자는 발기인이 아닌(주식 미보유) 임원이어야 함
- 참고로, 조사보고자는 설립시에만 필요하므로 설립등기 완료 후 주식이 없는 임원은 사임해도 됨. 사임등기시 비용이 발생

<구비서류> (자본금이 10억원 미만인 경우)
1. 발기인(주주) : 개인인감도장 또는 막도장, 주민등록등본 1부
2. 임원(대표이사, 이사, 감사) : 개인인감도장, 개인인감증명서 1부, 주민등록등(초)본 1부(인감증명서 및 주민등록등(초)본의 경우 발급일로부터 3개월 내 발급분)
→ 주주는 반드시 인감도장일 필요는 없으나 임원은 반드시 인감도장이 필요하므로, 주주이면서 임원일 경우 반드시 인감도장이 필요

3. 잔고증명서
발기인 대표(설립시 주주들 중 대표) 개인명의 통장(보통예금통장)을 개설 후 자본금을 예치하고 잔고증명서 준비

주식회사의 주주총회 결의

1. **특별결의 사항**
   주주총회의 결의는 보통결의가 원칙이며, 상법에 규정이 있는 경우에만 특별결의에 의합니다.
   특별결의는 출석한 주주의 의결권의 3분의 2 이상의 수와 발행주식총수의 3분의 1 이상의 수로써 하여야 합니다(상법 434조).
   *주주총회 특별결의 요건
   출석한 주주의 의결권의 3분의 2 이상의 수와 발행주식총수의 3분의 1 이상의 수
   ① 정관 변경
   ② 영업의 전부 또는 일부의 양도, 영업 전부의 임대 또는 경영 위임
   ③ 회사의 영업에 중대한 영향을 미치는 다른 회사와의 영업 전부 또는 일부의 양수
   ④ 주식매수선택권의 부여
   ⑤ 이사 및 감사의 해임
   ⑥ 자본금의 감소, 합병 및 분할
   ⑦ 주주 이외의 자에 대한 전환사채 및 신주인수권부 사채의 발행
   ⑧ 주식의 포괄적 교환, 주식의 포괄적 이전, 주식분할, 주식의 할인발행

② **보통결의 사항**
   출석한 주주의 의결권의 과반수와 발행주식총수의 4분의 1 이상의 수로 하는 결의를 보통결의라 합니다(상법 368조 1항).
   * 주주총회 보통결의 요건
   출석한 주주의 의결권의 과반수와 발행주식총수의 4분의 1 이상의 수
   ① 이사, 감사의 선임, 보수 결정
   ② 주주총회 의장 선임
   ③ 자기주식의 취득 결의, 지배주주의 매도청구권
   ④ 결손보전을 위한 자본금의 감소, 법정준비금의 감소
   ⑤ 재무제표 승인, 이익의 배당, 주식배당
   ⑥ 검사인의 선임, 청산인의 해임, 청산 종료의 승인

주식회사의 이사회 결의

이사의 수가 3명 이상이면 이사회를 두고 이사회의 결의는 이사 과반수의 출석과 출석이사의 과반수로 하여야 합니다. 그러나 정관으로 그 비율을 높게 정할 수 있습니다.

*이사회의 결의 : 이사 과반수의 출석과 출석이사의 과반수

① 사채의 발행, 주식양도의 승인, 주식매수선택권 부여의 취소
② 자기주식의 처분, 자기주식의 소각
③ 회사의 중요한 자산의 처분 및 양도, 대규모 재산의 차입
④ 지배인의 선임 및 해임, 지점의 설치, 이전, 폐지
⑤ 이사의 직무 집행 감독
⑥ 주주총회 소집, 이사회 소집권자의 특정, 주주총회의 전자적 방법에 의한 의결권 행사
⑦ 이사와 회사간의 거래 승인, 경업 등 이사와 회사 간의 이익 충돌에 관한 승인
⑧ 재무제표의 승인, 영업보고서의 승인
⑨ 중간배당
⑩ 간이 합병, 소규모 합병의 합병계약서 승인
⑪ 간이 주식 교환, 소규모 주식 교환
⑫ 양도제한 주식의 양도승인
⑬ 주주총회의 승인을 요하는 사항의 제안
⑭ 신주발행
⑮ 대표이사, 공동대표이사의 선임
⑯ 준비금의 자본금 전입
⑰ 전환사채 및 신주인수권부사채 발행
단, 정관에 주주총회에서 결정하기로 한 경우는 주주총회 결의사항

스타트업의 지분플랜

1. **지분 마스터플랜**
    발기설립 대표 100% : 베스트
    시리즈 A - 대표 67% : 보통결의, 특별결의 요건충족 -> 주주총회 장악
    시리즈 B - 대표 51% : 과반결의, 보통결의 요건충족 -> 이사회 장악
                  대표 50% : 상대 주주 단합 의결 방지
    시리즈 C - 대표 34% : 특별결의(67%) 방어
    (글로벌VC)
    시리즈 D - 10% 전후 : 소수지분 : 알리바바의 마윈은 주식상장시 8% 지분
    * 사업 초기에 엔젤에게 30% 주면 시리즈 투자 받기 힘듬
    : 대표 80% 이상 지분확보해야 하고 핵심인력 20% 지분까지 감안
    * 시리즈 A,B,C,D 엑시트 (투자 확보되면 본인 지분 감소)

2. **주주총회 결의 (주식수로 결정 : 지분율)**
    보통결의 : 과반 찬성(51%) + 발행주식의 1/4 찬성
    특별결의 : 2/3 찬성(67%) + 발행주식의 1/3 찬성

3. **소수지분권자**
    3% 이상 지분권
    ① 주주총회소집청구권 : 원하는 안건을 주총의결사항에 제안
    ② 임원해임청구권 : 이사, 감사의 불법, 손해 발생시 해임청구
    ③ 회계장부열람권 : 재무제표, 법인카드, 통장, 계약서 열람 요청
    ④ 재산상태조사검사권 : 법원의 검사인 선임청구

    1%이상 지분권
    ① 이사의 위법행위유지청구권 : 불법, 손해 위법행위 금지 청구
    ② 대표소송권 : 이상의 손해,책임 소재 추궁

*소수지분권자는 주주총회의 배당청권권은 없음
*주주간계약서 작성 필요 (조항 : 독점권, 협의권, 사전통지권)
인수합병시 반대주주의 경우 주식매수청구권 요청(매매시 주당가치 인정)
* 임직원 스톡옵션 줄 때 3%이하로 할 것
* 10% 지분권자라도 등기임원 안주어도 됨
* 지분을 유지하면서 등기이사직 요구하고 급여인상 요청 유형
지분을 유지하면서 배당을 요구 유형 (영업이익의 몇 % 요구)
지분을 유지하면서 회사의 불법행위를 견제 유형
* 지분을 정리하고 주식을 매도하는 유형
* 주주의 독단 및 횡포를 견제

기업의 안정성

기업의 안정성을 확보하는 것이 중요, 순서는 다음과 같다.

① 단기유동성
② 당좌비율
③ 유동비율
④ 자기자본비율

* 단기유동성
 (현금, 애금이나 당장 팔수 있는 자산 + 금방 빌릴 수 있는 여신) /월간 매출액
 → 중소기업의 경우 1.7개월 유동자금 확보

* 당좌비율
 당좌자산/유동부채
 → 단기적 안정성 : 일반적으로 90% 이상이면 안정적이지만 업종에 따라 차이 있음

* 유동비율
 유동자산/유동부채
 → 재무제표를 단 1초 밖에 볼수없다면 가장 먼저 봐아함
 → 유동자산이 유동부채 보다 많은 가 : 120% 이상이면 안정적

* 자기자본비율
 순자산/자산
 → 중장기적 안정성
 → 자산을 조달한 돈 가운데 상환할 의무가 없는 순자산이 차지하는 비율
  : 15~20% 이상 요구, 10% 이하 주의

* 결론
 회사의 실력은 안정성 -> 수익성 -> 안정성 순서임
 안정성이란 단기적으로 도산할 우려가 있는지 여부임

법인사업자 비용처리

· 개인용 대표차량 : 차량구입비, 보험료, 자동차세는 비용처리 안됨
　　　　　　　　단, 주유비, 통행료, 주차료는 비용처리 가능
　　　　　　　　　　*대표 급여항목 중 차량유지비(차량운전보조금) 20만원은 중복혜택 안됨
· 법인카드 사용 : 식대, 사무용품, 소모품 비용처리 가능
　- 복리후생비(임직원대상 한도없음), 접대비(거래처 3,600만원 한도)
　- 사업장 근처 사용해야 하고 주말에 사용주의해야 함
· 임직원 급여, 건강보험, 고용보험 회사부담분, 건강진단비
· 사무실 임차료, 복합기 임차료, 차량렌탈비
· 감가상각비 : 유형자산, 무형자산 상각비
· 관리비(세금계산서 받을 것), 수도, 전기, 가스료(면세 계산서)
· 휴대폰비 : 대표 명의 → 통신사 요청 (사업용 계산서 요청)
· 직원 경조사비 : 복리후생비 처리 / 거래처 경조사비 : 접대비 처리
　* 문자, 청첩장, 부고장, 부고판 사진 캡쳐 제출 → 건당 20만원까지 비용처리
· 광고선전비 : 광고비, 간판제작비
· 소모품(프린터용지 등), 사무용품, 포장비
· 은행 수수료 (지급수수료, 근저당 설정비)
· 보험료 : 화재보험, 보증보험, 고용보험료, 자동차보험료
　　　　　직원대상 보험료(연 70만원까지 비용처리)
· 등록면허세, 주민세 : 세금과 공과 → 영수증, 이체내역
· 법인세, 부가세, 원천세 : 비용처리 안됨(주의)
· 출장, 숙박, 교통비(여비교통비) → 비용처리(직원본인 카드도 가능함)
· 직원카드 : 법인접대비는 비용처리 안됨
· 교육훈련비 : 비용처리 → 계산서, 카드결제 받을 것
· 건당 100만원 이상 고정자산 등록, 내용연수에 따라 비용처리됨
· 세금과 공과 : 회사명의 자동차세, 상공회의소 회비, 국민연금 회사부담
· 연구비, 경상연구개발비
· 운반비, 배달비, 택배비
· 판매수수료 : 판매장려금
· 외주비 : 외주용역비
· 잡비
등등 판매비와 관리비 모두 적용 → 매출원가에 속하지 않는 모든 영업비용

창업과 경영 31가지 이야기
ⓒ 이지훈, 2022

1판 1쇄 발행 2022년 7월 30일

지은이	이지훈
펴낸이	김대석
펴낸곳	상상
출판등록	2016-000004
주소	서울시 송파구 송이로 161(가락동 124-8) 3층
전화	02.6052.0111
이메일	sangsang1210@naver.com

ISBN 979-11-88978-17-5

* 이 책은 저작권법에 따라 보호받는 저작물이므로 무단 전재와 무단 복제를 금지하며,
  이 책 내용의 전부 또는 일부를 이용하려면 반드시 저작권자와 상상의 서면 동의를 받아야 합니다.